MARCO POLO

# Chiemgau

## Berchtesgadener Land

Reisen mit Insider Tipps

Diesen Führer schrieb Annette Rübesamen. Die gebürtige Münchnerin ist freie Journalistin und arbeitet in und über Oberbayern.

**www.marcopolo.de**

Infos zu den beliebtesten Reisezielen im Internet, siehe auch Seite 100

## SYMBOLE

**Marco Polo Insider-Tipps:**
Von unserer Autorin für Sie entdeckt

**Marco Polo Highlights:**
Alles, was Sie im Chiemgau kennen sollten

**Hier haben Sie eine schöne Aussicht**

**Wo Sie junge Leute treffen**

## PREISKATEGORIEN

| Hotels | | Restaurants | |
|---|---|---|---|
| €€€ | über 80 Euro | €€€ | über 12 Euro |
| €€ | 60–80 Euro | €€ | 8–12 Euro |
| € | unter 60 Euro | € | unter 8 Euro |

Die Preise gelten jeweils für ein Doppelzimmer mit Frühstück.

Die Preise gelten jeweils für ein Hauptgericht ohne Getränke.

## KARTEN

**[106 A1]** Seitenzahlen und Koordinaten für den Reiseatlas Chiemgau

Karten zu Rosenheim, Bad Reichenhall, Wasserburg und Berchtesgaden finden Sie im hinteren Umschlag.

Zu Ihrer Orientierung sind auch die Orte mit Koordinaten versehen, die nicht im Reiseatlas eingetragen sind.

## GUT ZU WISSEN

# INHALT

# Die wichtigsten MARCO POLO Highlights

**Sehenswürdigkeiten, Orte und Erlebnisse, die Sie nicht verpassen sollten**

1. **Konzerte auf Schloss Amerang**
Äußerst romantisch: die musikalischen Momente im sommerlichen Renaissance-Arkadenhof (Seite 25)

2. **Frauenchiemsee**
Das idyllische Inselchen mit Kloster, Zwiebelturm-Münster, Wirtshäusern und Bauerngärten ist einer der malerischsten Flecken Bayerns (Seite 28)

3. **Herrenchiemsee**
Versailles auf Bayerisch: Das Märchenschloss Ludwigs II. blendet mit Spiegelgalerie und Prunkschlafzimmer (Seite 29)

4. **Kloster Seeon**
Weltabgeschiedener Charme: altes Kloster, stiller See und hölzerner Steg (Seite 37)

5. **Kampenwand**
Kultberg oberhalb Aschaus. Nicht nur zum Hinaufsteigen, auch zum Hinunterschauen: Das Panorama ist phantastisch (Seite 42)

6. **Streichenkapelle**
Das Kirchlein oberhalb von Schleching verbindet Kunstgenuss mit hinreißender Berglage (Seite 49)

7. **Altöttinger Gnadenkapelle**
Tausende von Pilgern wallfahrten jedes Jahr zur rauchgeschwärzten »Schwarzen Muttergottes« (Seite 51)

*Barocke Pracht: Herrenchiemsee*

*Mit der Gondel auf die Kampenwand*

**8 Klosterkirche Rott am Inn**
Die Stiftskirche der Benediktinerabtei ist ein bedeutendes Rokokokunstwerk – und ewige Ruhestätte von Franz Josef Strauß (Seite 61)

**9 Königssee**
Bis nach Japan bekannt: die Bootsfahrt über den schimmernden Alpensee nach St. Bartholomä (Seite 67)

**10 Hintersee**
Früher kamen die Maler, heute kommen die Radler zum zauberhaft gelegenen Waldsee bei Ramsau (Seite 69)

**11 Höglwörth**
Barockes Chorherrenstift, herrlich vor den Bergen und direkt an einem Badesee gelegen (Seite 72)

**12 Burghausener Burg**
Deutschlands längste Burg verzaubert nicht nur Romantiker (Seite 76)

*Malerisch: Kloster Seeon*

**13 Radtour um den Chiemsee**
60 km auf ruhigen Nebenstraßen: Das bayerische Meer lässt sich bequem an einem Tag umrunden (Seite 92)

**14 Winklmoosalm**
Erste Wahl im Winter: Die 50 km Pisten oberhalb von Reit im Winkl gelten als ganz besonders schneesicher (Seite 92)

**15 Salzbergwerk Berchtesgaden**
Zur Geschichte des Salzes geht's über Rutschbahnen und auf einem Floß: So macht Lernen Spaß! (Seite 97)

*★ Die Highlights sind in der Karte auf dem hinteren Umschlag eingetragen*

# Entdecken Sie den Chiemgau und das Berchtesgadener Land!

**Dramatische Bergwelt, sanfte Hügelketten und jede Menge Kultur: Das ist die spezielle Dreifaltigkeit des südöstlichen Oberbayerns**

*Badespaß in Prien am Chiemsee*

Bayern hat die höchsten Einschaltquoten! Wer Belege für die steigende Attraktivität des Freistaates sucht, braucht nur einen Blick in seine Fernsehzeitung zu werfen. Komödianten- und Theaterstadl, weißblaue Geschichten und die alpenländische Hitparade belegen die besten Sendeplätze. Bis hinauf nach Nordfriesland und zum Niederrhein wird fast allabendlich ein Bayernbild ausgestrahlt, das ankommt. Saftige Wiesen vor schneebedeckten Bergen, blumenstrotzende Bauerngärten. Links erhebt sich ein Zwiebelturm, rechts lockt das Wirtshaus. Dann die Menschen: Schlitzohrig und bauernschlau, derb, durstig und lebensfroh werden sie porträtiert. Sympathisch, ohne Frage. Da stehen sie ihrer Heimat in nichts nach.

Wer von diesem Fernsehbayern spricht, meint meistens Oberbayern, das zwar nur einen von insgesamt sieben bayerischen Regierungsbezirken ausmacht, der allgemeinen Wertschätzung nach aber wohl den charismatischsten. Chiemgau und Berchtesgadener Land wiederum bilden zusammen den südöstlichen Teil Oberbayerns. Dieses bayerische »Eckgebiet« stößt im Süden wie im Osten (wo die Salzach die Grenze markiert) an die österreichische Staatsgrenze und wird im Westen wie auch im Norden vom Inn begrenzt. Zu einem richtigen »Eck« fehlt ihm jedoch der rechte Winkel: Im äußersten

*Die barocke Pfarrkirche St. Maria vor der Kampenwand in Aschau*

# Geschichtstabelle

**800 v. Chr.** Keltische Stämme besetzen das Gebiet zwischen Alpen und Donau

**15 v. Chr.** Die Römer kommen! Das Gebiet östlich des Inns wird zur Provinz Noricum

**Um 500 n. Chr.** Die Römer wandern ab und hinterlassen ein Machtvakuum, das von den neu eingewanderten böhmischen Bajuwaren gefüllt wird; die Agilolfinger stellen mit Garibald I. den ersten bayerischen Stammesherzog

**788** Karl der Große setzt den Bayernherzog Tassilo III. ab und macht Bayern zur fränkischen Provinz

**1180** Mit Otto von Wittelsbach beginnt die Herrschaft der Wittelsbacher über Bayern

**1255–1505** Mehrere Teilungen Bayerns; nach der Wiedervereinigung wird München Residenzstadt, das Berchtesgadener Land bleibt in kirchlichem Besitz

**1534** Gründung des Jesuitenordens, der sich erfolgreich um die Gegenreformation kümmert: 1550 ist ganz Oberbayern wieder katholisch

**18. Jh.** Die Jesuiten holen den Barockstil aus den Schlössern in die Kirchen; Barock und Rokoko erleben ihre Blütezeit

**1704** Im Verlauf des Spanischen Erbfolgekriegs besetzen österreichische Truppen Oberbayern; im Jahr darauf erheben sich die Bauern erfolglos gegen die Besatzungsmacht (Sendlinger Mordweihnacht)

**1778** Das bisher oberbayerische Innviertel geht als Folge des Bayerischen Erbfolgekriegs an Österreich

**1803** Im Zuge der Säkularisation wird die reichsunmittelbare Fürstpropstei Berchtesgaden dem weltlichen Bayern eingegliedert

**1806** Bayern wird unter Napoleon zum Königreich, und die Wittelsbacher werden Könige

**1816** Der Rupertiwinkel, das Land westlich der Salzach, geht an Bayern über

**1864–1886** Regierungszeit von Ludwig II., »Märchenkönig« und Erbauer der Königsschlösser

**1949** Gründung des Bundeslandes »Freistaat Bayern« – des größten auch im wieder vereinigten Deutschland

**1978** Einweihung des Nationalparks Berchtesgaden – des größten Nationalparks Deutschlands

**1989** Ringkanalisation rund um den Chiemsee

Südosten ragt es mit dem Berchtesgadener Land wie mit einem Entenbürzel ins Österreichische hinein.

Rein optisch und ohne allzu große Rücksichtnahme auf historische und geophysische Gegebenheiten lässt sich Südostbayern in drei relativ griffige Regionen aufteilen.

*Das verzauberte Land.* Wie's scheint, verführt kaum eine andere deutsche Landschaft so sehr zum Seufzen, zum Dichten, zum Schreiben sehnsüchtiger Elogen wie der Chiemgau. An den Gestaden des Chiemsees verfällt der Mensch in romantische Schwärmerei. Was ist dran am Szenario Chiemgau?

*»Der Chiemgau verführt zum Seufzen und Dichten«*

Der Chiemgau ist eine uralte Kulturlandschaft zwischen Inn, Alz und Traun, im Süden von den Bergen begrenzt, im Norden irgendwo hinter Trostberg allmählich auslaufend. Sein beherrschender Mittelpunkt ist der See. Dass der Chiemsee mit seinen rund 80 km$^2$ der zweitgrößte See Deutschlands ist und ein wunderbares Segelrevier dazu, mag einen Teil seiner Anziehungskraft erklären. Der eigentliche Zauber des Sees aber beruht auf seinem harmonischen Zusammenspiel mit dem Umland. Der See liegt in einer weiten, grünen Ebene. Diese Ebene umschließt in größerer Entfernung, halbkreisförmig gen Norden sich ziehend, eine sanfte Hügelkette. Mit der zackigen Bergkette aus Hochfelln, Hochgern und Kampenwand, an klaren Tagen bedrohlich überragt vom österreichischen Kaisergebirge, findet der sanfte Chiemgau einen würdigen Abschluss. Dieser Blick über den Chiemgau ergibt ein Bild, das in seinem Frieden und seiner ruhigen Heiterkeit ganz vergessen lässt, dass viele Touristen

*Schloss Herrenchiemsee – das Versailles Ludwigs II.*

*Wahrzeichen des Berchtesgadener Landes: der sagenumwobene Watzmann*

um ganz anderer Eindrücke willen anreisen: Schloss Herrenchiemsee, ein Versailles-Nachbau des bayerischen Märchenkönigs Ludwig II., ist die mit Abstand populärste Sehenswürdigkeit des Chiemgaus.

Angenommen, es gäbe weder das goldglänzende Herrenchiemsee noch das heiter-besinnliche Landschaftsbild: Der Chiemgau hätte selbst dann noch alle Chancen, zu einem touristischen Ziel der Sonderklasse zu avancieren. Jede Menge Gewässer zum Segeln und Schwimmen, Kletterfelsen, Skiberge und föhnbedingte Sonnentage – Herz, was begehrst du mehr für schöne Ferien? Die Kunst? Davon ist reichlich zwischen Inn und Alz vorhanden. Nahezu jede Dorfkirche lohnt einen Besuch. Die Kirchenkunst blüht im Chiemgau seit über 1000 Jahren, seit die Benediktiner mit der Gründung der beiden Chiemseer Inselklöster den Anfang setzten für die geistliche, geistige und kulturelle Befruchtung des Landes.

**»Wild, stark und dunkel: das Berchtesgadener Land«**

*Das dramatische Land.* Das Berchtesgadener Land ist Bühne für Gefühlsregungen extremer Natur. Der Anblick des Watzmanns, wie er sich, einer versteinerten Riesenschere gleich, über den Doppeltürmen der Berchtesgadener Stiftskirche erhebt, kann einem selbst nach Jahren einvernehmlicher Nachbarschaft noch Schauer über den Rücken jagen. Das Berchtesgadener Land ist das Land der Berge und der Wälder, das Land der Steine und des Salzes. Den Mönchen, die sich Anfang des 12. Jhs. an die Kultivierung dieses abgelegenen Gebirgswinkels machten, stellte sich eine unwegsame, wilde Natur entgegen. Heute ist das Berchtesgadener Land ein überaus ertragreiches Stück Erde. Das Salzgeschäft belohnt heute nicht mehr mit den astronomischen Gewinnspannen, die vom späten Mittelalter an die geistlichen Landesherren, die Fürstpröpste, reich und mächtig machten. An seine Stelle ist der Fremdenverkehr getreten. Klare Luft, wunderlich frei stehende Tafelberge, jäh abfallende Felswände und waldreiche Täler schaffen auch heute noch eine extrem aufregende Szenerie. Wild, stark und dunkel erscheint die einzigartige Landschaft. Das Berchtesgadener Land erregt die Phantasie. Dagegen können selbst gut ausgebaute Bundesstraßen und der McDonald's in Freilassing nichts ausrichten. Und das ist gut so.

*Das stille Land.* Oberbayern ist ein bäuerliches Land; seine Siedlungen sind selten größer als stattliche Dörfer geworden. Am ehesten haben sich Städte entlang der Handelswege entwickeln können. Die beiden Innstädte Rosenheim und Wasserburg lassen auch heute noch etwas von der früheren Dynamik erahnen; Rosenheim ist das wirtschaftliche Zentrum des südöstlichen Oberbayerns und hat dank seiner Fachhochschule ein jugendliches, modernes Gepräge. Anders die Städte an der Salzach, im Rupertiwinkel: Dieser vormals salzburgische Landstrich, der erst 1816 zu Bayern kam, ruht in tiefem innerem Frieden und gibt sich auf eine sehr charmante Weise völlig unberührt von der hektischen Gegenwart. Obwohl es über reichlich Satellitenschüsseln und Internetanschlüsse verfügt, scheint das südöstliche Oberbayern ein Stück heile Welt geblieben zu sein. Eine Welt, in der sich gotische Schnitzkunst mit Reggae-Konzerten, Canyoning mit Trachtenumzügen, Biergärten mit Piercingstudios zu einer stimmigen Einheit verbinden, die sich als äußerst telegen erweist. Aber das ist nun wirklich Nebensache.

*» Der salzburgische Rupertiwinkel kam 1816 zu Bayern «*

## Jugend am Chiemsee

### Eine Liebeserklärung an das »Bayerische Meer«

Der Chiemsee! Wenn ich die Augen schließe und, sei es, wo immer, Wasser an Schiffsplanken plätschern höre, erwacht in mir die Erinnerung an die Jugendzeit, an Stunden, die ich im Kahn verträumte, den See rundum und den Himmel über mir. Ich sehe die stille Insel, von der die feierlichen Glockenklänge herüberklingen, ich höre den Kahn auf feinem Kiese knirschen, springe heraus und stehe wieder unter den alten Linden, von wo aus der Blick über die blaue Flut hinüber nach den Chiemgauer Alpen und Salzburger Bergen schweift.
*(Ludwig Thoma, Erinnerungen)*

# Vom Barock bis zu den Wittelsbachern

## Ob Gletscher, Klima oder die Geschichte des Salzes – alles, was Land und Leute ausmacht

### Baiern, die

Woher sie kamen, ist bis heute noch nicht restlos geklärt. Vermutlich gingen die »Boiern«, wie sie im Jahr 624 erstmals urkundlich erwähnt wurden, nach dem Abzug der Römer aus der Vereinigung keltischer und römischer Bevölkerungsreste hervor, ergänzt durch die aus Böhmen einwandernden Bajuwaren, die eine germanische Note hinzufügten. Die Baiern sind somit der beste Beweis für die Vorzüge multikulturellen Neben- und Miteinanders – schließlich haben sie sich im Laufe der Jahrhunderte als besonders kunstfertiges und lebensfrohes, wenngleich auch jähzorniges, sturköpfiges und misstrauisches Volk offenbart. Immerhin sind sie weder ausgestorben noch untergegangen; als einzige Niederlage bisher mussten sie ihren angestammten Namen abändern. König Ludwig I., ein großer Freund alles Griechischen, ordnete im 19. Jh. an, dass Baiern künftig mit »y« zu schreiben sei. Heute versteht man unter »Bayern« den politischen Freistaat, zu dem jedoch auch so unbaierische Gruppierungen wie die Franken gezählt werden. »Baiern« oder »Altbaiern« aber darf sich auch heute noch das alte Stammesgebiet nennen, zu dessen Kernstücken Berchtesgaden und der Chiemgau gehören.

*Jugendliche in traditioneller Tracht beim Trachtenfest in Reit im Winkl*

### Barock und Rokoko

Bayern – speziell Oberbayern – gilt vielen als regelrechtes Synonym für barocke Kunst und Architektur. In der Tat hat das Barockzeitalter genauso wie die darauf folgende Epoche des feineren Rokoko im bayerischen Voralpenraum einen besonders fruchtbaren Boden gefunden. Das späte 17. und das 18. Jh. hinterließen nicht nur Bauwerke von europäischem Rang – wie die Klosterkirche Rott am Inn –, sondern verwandelten auch äußerlich schlichte Dorfkirchen in goldglänzende, puttenbewohnte Stuckparadiese.

Dass sich der Barockstil im Oberbayerischen so extrem gut macht, liegt vielleicht einfach nur an den verwandten Formen. Wie gemalt erscheint schließlich auch die Voralpenlandschaft, barocke Figürlichkeit weist sie allüberall in ihren Hügeln und Tälern auf, und Sinnlichkeit und Lebensfreude ihrer Bewohner sind so recht dazu geeignet, sich – bei aller Gottesfürchtigkeit – das Leben nach dem Tode als etwas durchweg Paradiesisches vorzustellen. Die Malerei in den Kirchen spricht da Bände!

Eines jedenfalls steht fest: Kultur und Natur bilden in Altbaiern eine nur schwer zu trennende Einheit. Was jeder bestätigen kann, der jemals eine barocke Zwiebelhaube neben einem Maibaum, über sanften Hügelketten und vor der Chiemgauer Alpenkulisse sich erheben gesehen hat.

### Fauna

Murmeltieren wird man nur in Ausnahmefällen begegnen – nicht, weil es hoch droben im Fels keine gäbe, sondern weil die possierlichen Bergmäuse menschliche Gesellschaft gar nicht schätzen. Weniger schüchtern ist das Gamswild, auch Steinböcke und Steinadler kann man im Hochgebirge seit einiger Zeit wieder antreffen. Oben wie auch in den unteren Chiemgau-Regionen sind Auer-, Schnee- und Birkhuhn heimisch. Das Berchtesgadener Land ist ein klassisches Jagdgebiet, in dem es an Hirschen und Rehen, an Hasen und Fasanen nicht mangelt. Die lokalen Speisekarten sprechen eine deutliche Sprache! An den Seen lebt eine vielfältige Vogelwelt, in den Seen und Flüssen tummeln sich Renken, Saiblinge, manchmal sogar Hechte.

### Flora

Ausgesprochen artenreich ist die Pflanzenwelt im Gebirge und im Voralpenland. Allein im Berchtesgadener Land kennt man 700 Arten. Das »Landl« ist auch waldreich. In den Tälern dominieren mit Buche und Linde die Laubbäume, weiter oben wächst dann der Nadelwald, stehen Fichte, Tanne und Lärche zusammen. Die Baumgrenze liegt bei etwa 1800 m; in höheren Lagen gedeiht nur noch die Latsche, ein anspruchsloses Krummholz. Wiesen, Weiden und Almen reichen bis auf 2500 m hinauf. Auf den Bergwiesen, die weder schwere Landmaschinen noch starke Düngung ertragen müssen, wachsen oft noch Pflanzen, die es in der Ebene längst nicht mehr gibt: Enzian und Arnika, Berglöwenzahn und Mehlprimel blühen in der guten Bergluft in starken, intensiven Farben. Weitere Klassiker des Berchtesgadener Landes sind Schnee- und Alpenrose, Edelweiß und die stachelige Silberdistel. Eine Besonderheit im Chiemgauer Land sind die zahlreichen Moore, auch Filzen genannt, mit ihrem schützenswerten Pflanzenbestand. Hier stehen Birken und Weiden, und man findet anderswo selten gewordene Orchideenarten wie die sibirische Schwertlilie, auch Knabenkraut, Frauenschuh und Türkenbund.

### Föhn

Bei dieser oberbayerischen Wetterspezialität handelt es sich eigentlich um etwas Schönes: Der Föhn ist ein aus Oberitalien kommender Südwind, der über die Alpenkämme streicht und als warmer Fallwind ins bayerische Voralpenland hineinbläst. Diesem beschert er zwanzig zusätzliche Sonnentage im Jahr, er sorgt für strahlend blauen, mit kleinen Federwölkchen geschmückten Himmel und eine glasklare Fernsicht. Was also ist der Haken? Man hat den Föhn als Auslöser von Kopfweh, Nervenzusammenbrüchen, Auffahrunfällen und Tobsuchtsanfällen ausgemacht. Der Föhn

*Das Kendlmühlfilz bei Grassau ist der Rest eines einst riesigen Hochmoors*

»wirkt« freilich nicht immer und nicht bei jedermann und erwischt vor allem erheblich mehr Alteingesessene als die offenbar föhnresistenteren Neuankömmlinge und Touristen.

**Gletscher**

Heute gibt es nur noch einen und zudem nicht allzu eindrucksvollen Gletscher in Deutschland – den Blaueisgletscher am Hochkalter, einem Nachbarn des Watzmanns. Warum Gletscher für die bilderbuchhafte Chiemgaulandschaft dennoch eine so wichtige Rolle spielen? Weil sie sie geschaffen haben! Als vor etwa einer Million Jahren die letzte Eiszeit einsetzte, schoben sich die Massen des gewaltigen Inngletschers und seines Nachbarn, des weitaus kleineren Chiemseegletschers, bis weit ins Alpenvorland hinein, schürften weite Becken aus und formten das Land. Mit dem Ende der Eiszeit schmolzen auch die Gletscher ab und hinterließen gewaltige Schuttablagerungen – die Moränenhügel, die im Westen, Norden und Osten einen breiten Gürtel um das Chiemseebecken bilden. Vor allem aber blieb der Chiemsee zurück. Dass er ursprünglich zehnmal größer war als heute, davon künden seine vielen kleinen Ableger wie Simssee und Seeoner See im Norden und die Moorlandschaften im Süden. Die langsame Verlandung des Chiemsees ist immer noch nicht abgeschlossen. Vor allem die Tiroler Ache transportiert tonnenweise Geröll, das sich am Seeboden ablagert.

**Inn-Salzach-Architektur**

Als eine der Folgen des regen Handelsverkehrs entwickelte sich im 15. Jh. an den Ufern von Inn und Salzach ein neues städtebauliches Erscheinungsbild. Seine Wurzeln liegen im Süden – im Salzburger Land und sogar in Italien –, und von der in

*Das Kernhaus mit seiner prächtig gestalteten Rokokofassade in Wasserburg*

Oberbayern sonst üblichen, bäuerlich inspirierten Stadtarchitektur mit ihren giebelständigen Häusern und Flachsatteldächern unterscheidet es sich deutlich. Ob Burghausen oder Mühldorf, ob Rosenheim oder Tittmoning: Im Mittelpunkt stehen weite, lang gezogene Plätze, gesäumt von den oft prachtvollen Fassaden alter Handels- und Patrizierhäuser. Arkadenhöfe und gotisch gewölbte Laubengänge vermitteln südliches Ambiente – Besucher wähnen sich in Innsbruck, in Bozen gar – und sind doch nur in Wasserburg! Auffallend sind die vermeintlichen Flachdächer. Doch die Giebelwände sind Show – zumindest in der obersten Etage. Denn dahinter verbergen sich die für die Gegend typischen, in der Mitte zusammenlaufenden Grabendächer.

**Klöster**

Ohne die tapfer missionierenden Mönche wären Chiemgau und Berchtesgadener Land so schnell keine lebenswerten Landschaften geworden. Im 8. Jh. kamen als Erste die Benediktiner, damals noch einziger Mönchsorden des Abendlandes, und gründeten auf Geheiß des Bayernherzogs Tassilo auf den beiden Chiemseeinseln ein Männer- und ein Frauenkloster, später dann auch die Abtei in Seeon. »Ora et labora«, lautete ihr Ordensgrundsatz – betend machten sie sich die noch unkultivierte und raue oberbayerische Erde untertan. Nach ihnen kamen die Augustiner und die Zisterzienser und taten es ihnen gleich. Die Klostergründungen dieser Zeit – wie das Chorherrenstift in Baumburg und die Abtei Raitenhaslach – stellten noch weit über das Mittelalter hinaus Zentren des geistigen, vor allem aber des kulturellen und wirtschaftlichen Lebens dar. Der Macht und nicht zuletzt auch dem Geld ihrer Stiftsherren ist jene Fülle sakraler Kunst und Prachtentfaltung zu verdanken, die das Gesicht des südöstlichen Oberbayerns auf so unverwechselbare Weise prägt.

### Salz

Dass einem das Salz einmal große Reichtümer bescheren konnte, ist heute nur noch schwer vorstellbar. Doch schon die Kelten und später die Römer handelten mit dem lebensnotwendigen Mineral, das in den Gegenden um Salzburg und Reichenhall besonders reichlich zu Tage trat. So reichlich, dass sich die beiden Salzdomänen Salzburg und Berchtesgaden – beide unter geistlicher Landesherrschaft – über Jahrhunderte hinweg in den Haaren lagen. Die Salzgewinnung und der Handel mit dem »weißen Gold« prägten die Geschichte von Chiemgau und Berchtesgadener Land mehr als jeder andere Faktor. »Salzstraßen« entstanden, große Handelswege, die über Land und auf dem Wasserweg nach Wien, München und Augsburg führten. Zu Reichtum, wirtschaftlicher Blüte und architektonischer Pracht gelangten neben den Städten, die an der Salzgewinnung beteiligt waren (Salinen gab es in Berchtesgaden, Reichenhall, Traunstein und Rosenheim), vor allem jene, die am Wegesrand der großen Salztransporte lagen. Laufen beispielsweise lag derart »unglücklich« an einer wegen vieler Stromschnellen unpassierbaren Salzachschleife, dass die kostbare Salzfracht dort umgeladen werden musste – ein Akt, der der örtlichen Wirtschaft bestens bekam. Heute gibt es nur noch eine bayerische Saline; sie steht in Bad Reichenhall.

### Trachten

Es ist ein weit verbreiteter Irrtum, anzunehmen, es gebe eine bayerische Tracht schlechthin. In Wahrheit besitzt jede Region, jeder Ort und darin oft noch einmal jeder Verein eine eigene Tracht, sodass es schon genauerer Kenntnisse bedarf, um den Sitz des Wadenstrumpfes, die Hutform und das Material der Miederknöpfe richtig interpretieren zu können. Berchtesgadener Tracht kann man bei den Männern etwa am »Dragoner« erkennen, einem breiten Riegel im Rücken der grauen Joppen. Aus Berchtesgaden stammen auch die berühmten schwarzen Strickjäckchen mit den grünroten Streifen am Halsausschnitt und den filigranen Silberknöpfen.

### Wittelsbacher

Ein uraltes bayerisches Fürstengeschlecht, dessen Herrschaft 1180 begann. Bis zum Ende des Ersten Weltkriegs regierte die Dynastie über das Bayernland und brachte eine Reihe sehr erfolgreicher und auch kunstsinniger Regenten hervor: Kurfürst Ferdinand Maria, der von 1651 bis 1679 regierte, förderte in seinem bayerischen Bauernland nach Kräften den aus Italien kommenden Barockstil. König Ludwig I. (1825–48) unterstützte die Künste und die Wissenschaften und machte München zu einer prachtvollen Residenzstadt. Weltweite Prominenz erlangte Ludwig II., der depressive Märchenkönig, der sich in Oberbayern mit mehreren Prunkschlössern verewigte. Sein prachtvolles Schloss Herrenchiemsee ist eine Nachbildung von Versailles. Sein Vetter, Ludwig III., war der letzte bayerische Regent. Er dankte 1918 ab.

Doch das Fürstenhaus ist deshalb nicht ausgestorben. Als Wittelsbacher macht man in der Münchner und bayerischen »Society« nach wie vor eine sehr gute Figur.

# Der Knödel und andere Schmankerln

## Die Köstlichkeiten der regionalen Küche machen zwar nicht schlank, dafür aber mit Sicherheit satt

Die oberbayerische Küche zeigt sich von zwei starken Einflüssen geprägt: vom bäuerlichen Leben einerseits und vom Katholizismus andererseits. Der bäuerlichen Daseinsform verdankt sie nicht nur die Größe der Portionen (in manchen ländlichen Wirtschaften zählt auch heute noch Quantität viel mehr als Qualität), sondern auch ihre oftmals recht derbe Schlichtheit. Auch die große Lust am Fleischessen – und hier ist insbesondere Schweinefleisch beliebt – wurzelt in der ländlichen Lebensweise.

Das katholische Erbe hingegen schmeckt süß – es findet sich in der großen Vielfalt an Mehlspeisen, die hier von ähnlichem Wohlgeschmack sind wie im benachbarten Österreich. Wobei die kulinarischen Landesgrenzen in dieser Region ohnehin verschwimmen.

Eine Besonderheit des bayerischen Speiseplans ist die *Brotzeit*, und dies vor allem deshalb, weil sie eine Mahlzeit ist, die zu jeder Stunde des Tages stattfinden kann – gleich nach dem Frühstück oder auch erst am späten Nachmittag. Das Wesen der Brotzeit liegt in ihrem Imbisscharakter und im Verzehr so genannter *Schmankerln* begründet. Schmankerln – zu übersetzen vielleicht mit »wohlschmeckende Kleinigkeiten« – können beispielsweise die auch außerhalb Münchens (wo sie erfunden wurden) viel geliebten *Weißwürste* sein, deren Verzehr sich aus Gründen der Tradition noch vor dem mittäglichen Zwölf-Uhr-Läuten empfiehlt.

Andere wohlschmeckende Brotzeit-Elemente sind *Ochsenmaulsalat*, abgebräunte *Milzbrieswurst, Presssack sauer* oder auch *Käse*. Eine dicke Scheibe *Emmentaler* gilt in Oberbayern als wunderbare Gabe Gottes.

Zu den Besonderheiten der Brotzeit gehört, dass sie an der frischen Luft besonders gut schmeckt. Es gibt kaum etwas Schöneres, als an einem warmen Sommerabend vor einer kühlen Maß und einer frischen Laugenbrez'n im Biergarten

*Eine Pilgerstätte für Freunde exklusiven Essens ist die Residenz Heinz Winkler in Aschau*

## Chiemgauer Spezialitäten

**Lassen Sie sich diese Köstlichkeiten gut schmecken!**

**Auszog'ne** – auch »Knienudel« genanntes Schmalzgebäck mit dickem, weichem Rand

**Bratensulz** – kalter Schweinsbraten in leicht gesäuertem Aspik; wird oft mit Eischeiben und Essiggurken serviert. Erfrischende Brotzeit für heiße Tage

**Grießnockerlsuppe** – Fleischbrühe, in der löffelweise abgestochene Nocken aus Grieß, Ei und Butter schwimmen

**Hollerküchel** – in Teig getauchte und in heißem Fett ausgebackene Holunderblüten

**Kaiserschmarrn** – eine Art dicker und luftiger Eierkuchen, der noch in der Pfanne in kleine Stücke zerteilt wird. Perfekt mit Preiselbeeren

**Kalbslüngerl** – fein geschnittene Lunge in einer mit Essig gewürzten Rahmsauce. Dazu gibt es Semmelknödel

**Knödel** – im Prinzip alles, was weiter nördlich als »Kloß« bekannt ist. Die beliebte Beilage kann aus alten Semmeln, rohen oder gekochten Kartoffeln hergestellt werden

**Leberkäs** – nicht aus Leber und Käse, sondern aus Ochsenbrät, Speck und Schweinefleisch wird ein Laib geformt und im Ofen außen knusprig und innen saftig gebacken. Schmeckt warm und kalt

**Obatzter** – reifer Camembert wird mit Butter, Zwiebeln, Kümmel und Paprika zu einem weichen »Batz« gerührt. Gut zu Roggensemmeln

**Radi** – Rettich, in hauchdünne Scheiben geschnitten und mit sehr viel Salz eingerieben, sodass er zu »weinen« anfängt, also Wasser zieht

**Renke** – in den oberbayerischen Seen heimischer Fisch mit feinem Fleisch. Köstlich gebraten und geräuchert

**Rohrnudel** – ein meist mit Obst gefülltes Hefeteiggebäck, zu dem Vanillesauce gereicht wird

**Speckkrautsalat** – Salat aus gehobeltem Weißkohl, ausgelassenem Speck und Kümmel. Ideal zum Schweinsbraten

**Wurstsalat** – aufgeschnittene Regensburger Würste, die mit Essig und Öl und vielen Zwiebelringen serviert werden

**Zwetschgendatschi** – flacher Blechkuchen aus Hefeteig, dick mit Zwetschgen belegt

zu sitzen. Wer solche Momente aus ganzem Herzen genießen kann, der hat erkannt, was die oberbayerische Küche erst wirklich einzigartig macht: ihr atmosphärisches Umfeld.

Das gilt übrigens auch für geschlossene Räume. Im Chiemgau und im Berchtesgadener Land sind viele der wirklich guten Adressen für bayerische Küche immer noch die traditionellen, alteingesessenen Dorfwirtschaften – ob sie nun »Alte Post« oder »Zum Ochsen« heißen. Wo der Stammtisch voll besetzt ist, wo der Koch erst gar keine Experimente in Richtung Nasi Goreng unternimmt, wo die Speisekarte sich täglich neu und einigermaßen überschaubar präsentiert, dort lernt man die regionalen Spezialitäten am besten kennen.

Den *Schweinsbraten* zum Beispiel, eine Art bayerisches Nationalgericht und Prüfstein für die Qualität der Küche: Von einer nicht zu mageren Sau muss er geschnitten sein (am besten aus der Schulter), saftig und von einer reschen, krachenden Kruste gekrönt soll er auf den Teller kommen.

Auch in Sachen Fisch sieht es im südöstlichen Oberbayern besser aus, als man vielleicht glauben möchte: Frische *Forellen, Renken* aus dem Chiemsee oder ein aus dem eiskalten Wasser des Königssees gezogener *Saibling* – eine Lachsart – bereichern die Speisekarten der örtlichen Gastronomie ungemein. Nur bei der Zubereitung sollte man keine Wunderdinge erwarten: Bei den Köchen beliebt – weil bewährt – ist der Fisch vor allem »blau«.

Oberbayern ist, wie leidlich bekannt, kein Weinland. Rund um den Chiemsee und im Berchtesgadener Land wird Bier getrunken – gern auch schon vormittags, mit der Begründung, es handle sich schließlich um »flüssiges Brot«. Wiewohl nicht gleich jedes! Bayern hat seine eigenen Biergesetze, seine eigenen Bierspezialitäten und Trinksitten. Als typisches bayerisches Bier gilt ein mildgehopftes *helles Vollbier*, das den zarten Malzgeschmack betont. Es hinterlässt deshalb – zumindest bei denen, die an ein herbes norddeutsches Pils gewöhnt sind – einen eher süßen Eindruck. Dunkle Biere, bis in die 1930er-Jahre hinein sehr beliebt, erleben zurzeit eine Renaissance – es ist wieder schick geworden, ein malziges »Dunkles« zu bestellen. Egal, ob dunkel oder hell – als Maß, also als ganzer Liter, kommt das Bier meistens nur in Biergärten und bei Volksfesten auf den Tisch. Im Lokal werden »Halbe« ausgeschenkt – also halbe Liter. Die so genannte »Preuß'nhalbe«, ein 0,4-l-Glas, konnte sich im Alpenvorland zum Glück noch nicht richtig durchsetzen.

Eine ganz besonders beliebte Bierspezialität ist das *Weißbier*. Von obergäriger Brauart und entsprechend spritzig und frisch, passt es wunderbar zu heißen Tagen und lauen Abenden, zu Frühschoppen und Brotzeiten. Das Weißbier gilt aber auch als probates Mittel gegen einen Kater. Es wird oft hefetrüb angeboten, ins eigene, schlanke Weißbierglas eingeschenkt und mit einer Zitronenscheibe dekoriert.

Weinstöcke gibt es weder im Chiemgau noch im Berchtesgadener Land. Dafür hat man sich vielerorts auf die Herstellung »harter« Getränke spezialisiert. Berühmt ist der *Kräuterlikör* von Frauenchiemsee, der *Obstler* ganz allgemein und der Berchtesgadener *Enzian*.

AD 772
38%vol
Chiemseer
KLOSTERLIKÖR
0,35 l
AD 772
35%vol
Chiemseer
Klostergeist
Ein Destillat aus wohltuenden Kräutern
0,2 l

# Oberbayerische Kuriositäten

## Schnupftabak, Hirschzähne und Enzian sind typische Mitbringsel

Chiemgau und Berchtesgadener Land bieten nicht nur Gamsbärte und Lederhosen! Wie in katholischen Regionen mit bäuerlichen Traditionen üblich, ist vor allem das Angebot an Schmankerln groß: Die geräucherten *Chiemseerenken* und das hausgemachte *Griebenschmalz* wecken auch zu Hause noch herzhaft bayerische Esslust.

Wer es lieber hochprozentig mag, greift zum Obstler, dem aus Äpfeln, Birnen oder Zwetschgen gebrannten Schnaps. Von ganz spezifischem Eigengeschmack ist der Enzian, der aus den Wurzeln des Gebirgsenzians hergestellt wird und der ebenfalls ein originelles Mitbringsel darstellt. Entsprechendes gilt, auf das Trinken gemünzt, für das Tragl *Weißbier* von einer der kleinen, aber feinen Landbrauereien. Ebenfalls einen sinnlichen Genuss verspricht eine Prise des im Oberbayerischen sehr beliebten Schnupftabaks, des auch »Schmai« genannten *Schmalzlers.*

Einen angenehmen Duft verströmen so genannte *Gewürzsträußerl*, kleine Gebinde aus »heilbringenden« Pflanzen wie Muskat (vertreibt Kummer), Weinbeeren (halten gesund) und Pfefferkorn (würzt den Ehestand!).

*Beliebtes Mitbringsel: Klosterlikör von der Insel Frauenchiemsee*

Etwas ganz Besonderes in Sachen traditionelles Kunsthandwerk findet man im Berchtesgadener Land: die *Berchtesgadener Waar*, kunstvoll bemalte Spanschachteln und kleines Holzspielzeug. Mit dem Schnitzen ihrer »Waar« verdienten sich die armen Bergbauern früher das bitter nötige Zubrot.

Souvenirs im größeren Stil bietet die *bayerische Tracht*. Es muss ja nicht gleich die krachlederne Bundhose sein! Von schlichter Schönheit sind *Leinenhemden, gestrickte Wollstrümpfe, Walkjanker* oder weit schwingende *Trachtenröcke.*

Wer Glück hat, findet in Antiquitätengeschäften alten Bauernschmuck: filigrane Silberarbeiten wie *Kropfketten* und *Haarnadeln*, aber auch in Gold gefasste *Hirschgrandeln* (Zähne) für die Frau. Für den Mann käme ein *Charivari* in Frage, eine silberne Uhrkette, an der allerhand Zierrat baumelt, ein Stück *Hirschgeweih* etwa, *Münzen*, der *Zahn einer Wildsau* oder *silberne Hände*, Symbole der männlichen Kraft und Potenz, was man bei den heutigen Charivari-Preisen auch finanziell deuten kann.

# Feste, Events und mehr

## Für viele fröhliche Feiern ist der Glaube oft nur der Anlass

Den Rahmen setzt das katholische Kirchenjahr: Mit seinen zahlreichen Höhepunkten, seinen zu würdigenden Heiligen und Schutzpatronen sorgt es für eine sympathische Dichte an Feiertagen. Da die Bayern jedoch nicht nur fromm, sondern auch

*Almabtrieb in Schleching*

ausgesprochen frohsinnig sind, gern lachen, tanzen und feiern, kommen auch bei Kirchenfesten Spaß und Freud' nicht zu kurz.

## Feiertage

**1. Januar** *(Neujahr);* **6. Januar** *(Heilige Drei Könige);* **März/April** *(Karfreitag, Ostermontag);* **1. Mai** *(Tag der Arbeit);* **Mai/Juni** *(Christi Himmelfahrt, Pfingstmontag, Fronleichnam);* **15. August** *(Mariä Himmelfahrt);* **3. Oktober** *(Tag der Deutschen Einheit);* **1. November** *(Allerheiligen);* **25./26. Dezember** *(1. und 2. Weihnachtstag)*

## Örtliche Feste und Veranstaltungen

### Januar/Februar

Insider Tipp Zum *Aperschnalzen* treffen sich an einem Ort im südöstlichen Oberbayern an die 500 Männer und lassen lange Peitschen knallen.

### 1. Sonntag im Februar

Stelldichein von 50 000 Tauben, Hasen, Hühnern etc. beim größten *Taubenmarkt* der Welt in Wasserburg

### März/April

Der ★ *Traunsteiner Georgiritt* am Ostermontag führt bis zu 600 festlich geschmückte Pferde zusammen.

### April

Jazz vom Feinsten gibt's bei der ★ *Internationalen Jazzwoche* in Burghausen *(www.b-jazz.com).*

Insider Tipp *Tittmoninger Georgiritt* mit »römischen Soldaten« (letztes Wochenende im Monat)

**3. Sonntag im Mai**
*Siegsdorfer Trachtenwallfahrt* zur Kirche Maria Eck

**Mai/Juni**
Pfingstmontag: *Bergfest der Bergknappen* mit Festumzug in Berchtesgaden
In einen riesigen Biergarten verwandelt sich die Hauptstraße von Trostberg jedes Jahr an einem Samstag Ende Juni, wenn mit Schmankerlständen und Livemusik Insider Tipp das *Altstadtfest* gefeiert wird.

**Mai bis September**
*Musiksommer* zwischen Inn und Salzach: klassische Musik live in romantischen Locations, wie z. B. Veranstaltungen auf Schloss Aschau oder die ★ Konzerte auf Schloss Amerang im wunderschönen Arkadenhof.

**24. August**
*Wallfahrt der Pinzgauer Bauern* über das Steinerne Meer zum Königssee

**September**
In der ersten Monatshälfte findet das ★ *Rosenheimer Herbstfest* statt, ein Oktoberfest im kleineren Stil *(www.herbstfest-rosenheim.de)*.
*Almabtrieb*: Festlich geschmückt kehrt das Vieh von den Sommerweiden in die Ställe zurück.

Am 3. Sonntag *Bayerisch-Tirolerische Wallfahrt* in Sachrang: Tausende pilgern zum Ölbergskirchlein.

**Oktober**
*Kirchweih* findet am 3. Sonntag im Oktober statt und ist in erster Linie zu einer kulinarischen Angelegenheit geworden: Man labt sich im Wirtshaus an Kirchweihgans und gebackenen Schmalznudeln.

**Dezember**
Dass die Adventszeit eine besonders »staade« (stille) Zeit ist, gilt nicht für das Berchtesgadener Land, wo beim ★ *Buttnmandllaufen* der Nikolaus von zwölf wilden, mit riesigen Glocken scheppernden Gesellen begleitet wird. Ein ähnlicher Brauch ist der *Perchtenlauf* von Kirchseeon. In Berchtesgaden wird außerdem vor Weihnachten mit Böllern das Christkindl »angeschossen«.

*Rosenheimer Herbstfest*

# Das Meer der Bayern

## Ob kulinarisch, sportlich oder atmosphärisch: Der See beherrscht die Szenerie

Der Chiemgau ist ein Ferienparadies par excellence. Eine sinnlich-saftige Bauernlandschaft, stimmungsvoll hingegossen vor dem nördlichen Alpenrand und mit einem anziehungskräftigen Superlativ in der Mitte – dem Chiemsee, Bayerns größtem See, der zu weit mehr als nur zum Bade lädt. Seine Lage ist nicht nur optisch attraktiv: Von München aus ist man mit dem Auto in nur einer Stunde mitten im Chiemgau, ein Umstand, den die Münchner sehr zu schätzen wissen. Die buchtenreiche Nordwestecke des Chiemsees mitsamt ihren beiden Inseln findet touristisch mehr Beachtung als seine Südostgestade, an denen Naturschutzmoore (die hier »Filzen« heißen) das Landschaftsbild prägen. Der Nordosten des Chiemgaus bietet über das »Bayerische Meer« hinaus mit der Eggstätt-Hemhofer Seenplatte, dem Simssee, dem Seeoner See und dem Flüsschen Alz ein wahres Badedorado.

### CHIEMSEE

**[111 D–F 1–3]** In Bayern kennt er nicht seinesgleichen. 80 km$^2$ ist er

*Der Chiemsee hat viele Gesichter …*

*Römermuseum Bedaium in Seebruck*

groß, 18 km lang, bis zu 14 km breit und an seiner abgründigsten Stelle sogar 74 m tief – der Chiemsee, landschaftlicher, kultureller und touristischer Mittelpunkt des östlichen Oberbayerns. Doch so sanft und harmonisch sich das Bayerische Meer (dessen Wasserstand wie der der »echten« Meere Ebbe und Flut kennt) auch in sein barockes Umland einzufügen vermag – stürmische Auftritte gehören ebenso zu seinem Naturell. Bei starkem Wind verwandelt sich der Chiemsee in ein wild wogendes Wellenmeer, das schon manchem leichtsinnigen Wassersportler zum Verhängnis geworden ist. Sicheren Transport gewährt in jedem Fall die aus zwölf Dampfern bestehende Chiemseeflotte, die selbst im Winter von Prien und Gstadt aus die beiden Inseln Herrenchiemsee und Frauenchiemsee an-

*Frauenchiemsee: Blütenzauber und der Turm des romanischen Münsters*

steuert. Sommers, wenn auch die Uferorte Seebruck, Chieming, Übersee und Bernau bedient werden, sind große und kleine Rundfahrten möglich *(Info: Chiemsee-Schifffahrt Ludwig Feßler, Tel. 08051/60 90, www.chiemsee-schifffahrt.de)*. Die kleinste der drei Chiemseeinseln, die Krautinsel, kann höchstens im eigenen Boot aufgesucht werden, lohnt den Trip aber nicht. Sie diente einst den Nonnen von Frauenchiemsee als Gemüsegarten und ist auch heute unbewohnt.

## ZIELE IM CHIEMSEE

**Frauenchiemsee** **[111 E2]**

★ Das nur 11 ha große Eiland mit seinen gerade mal 600 Ew. ist eines der malerischsten Fleckchen ganz Bayerns. Und das hat sich herumgesprochen! Es überrascht deshalb nicht, dass es in der Hochsaison manchmal eng wird auf Frauenchiemsee. Doch wer sich an einem klaren Spätherbsttag oder im Vorfrühling von Gstadt aus mit dem Schiff übersetzen lässt, der wird sich der Schönheit der Insel nicht entziehen können. So, wie es schon die Fischer in vorgeschichtlicher Zeit nicht konnten, die hier erstmals siedelten, und auch nicht Bayernherzog Tassilo III., der im 8. Jh. ein Frauenkloster errichten ließ. 100 Jahre später wurde Frauenwörth benediktinisch, und Benediktinerinnen bewohnen das Kloster bis heute. Vieles ist noch erhalten aus den frühen Zeiten des Konvents, so die *karolingische Torhalle* mit ihrem 1000 Jahre alten Freskenzyklus.

Das *Münster* selbst steht auf romanischen Grundmauern. Das gotische Rippengewölbe stammt aus dem 15. Jh., die Innenausstattung samt ihren elf Altären ist barock. Der wuchtige, achteckige Kirchturm mit seiner charakteristischen Zwiebelhaube zählt zu den Wahrzeichen des Chiemgaus.

Der eigentliche Charme der Fraueninsel aber liegt in ihrem äußerst beschaulichen Alltagstreiben. Ein Spaziergang um die Insel (wer nirgendwo länger verweilt, benötigt dafür 30 Minuten) zeigt das ganze Idyll: Fischer flicken ihre Netze, die

Nonnen verkaufen im *Klosterladen (www.frauenwoerth.de)* ihr in 200 Jahre alten Holzmodeln gefertigtes Marzipan. Besonders hübsch: der Insider-Tipp Fisch mit dem goldenen Liebesperlen-Auge! Vor der *Töpferei Klampfleuthner* trocknen die begehrten Tonschüsseln – das gleiche Bild seit 400 Jahren.

Da Frauenchiemsee am schönsten dann ist, wenn abends der letzte Dampfer abgefahren ist, lassen ihn wahre Romantiker unbesorgt ziehen, verspeisen eine Chiemseerenke oder frische Schratzen (Egli) im Biergarten des *Inselwirts (tgl., Tel. 08054/630, €€)* und bleiben über Nacht – z. B. im *Insel-Hotel Zur Linde (14 Zi., Tel. 08054/903 66, Fax 72 99, www.inselhotel-zurlinde.de, €€€). Auskunft: Chiemsee Info Center, Felden 10, Bernau, Tel. 08051/96 55 50, Fax 965 55 30, www.chiemsee.de*

**Herrenchiemsee** **[111 D2]**

★ Die mit ihren 215 ha größte Insel im Chiemsee ist auch eine der größten touristischen Attraktionen im Lande. Denn hier hat sich der bayerische Märchenkönig Ludwig II. mit einem Schloss verewigt, das ganz nach dem großen Vorbild von Versailles errichtet wurde. Soweit man überhaupt von einem »ganzen« Schloss sprechen kann: 1878 wurde mit dem Bau der Residenz begonnen, sieben Jahre später beendete Geldmangel die Arbeiten.

Schloss Herrenchiemsee ist unvollendet, aber prachtvoll, und lässt hinsichtlich der absolutistischen Wahnvorstellungen seines Erbauers kaum Zweifel zu. Die Innenausstattung blendet mit verschwenderischem Luxus; zu den Höhepunkten einer Besichtigung zählen die Spiegelgalerie, das Treppenhaus und das Prunkschlafzimmer des schwermü-

## MARCO POLO Highlights »Rund um den Chiemsee«

★ **Frauenchiemsee**
Sogar (oder: erst recht) an einem regnerischen Sommermorgen von bezauberndem Charme (Seite 28)

★ **Herrenchiemsee**
Insel mit Märchenschloss nach großem französischem Vorbild (Seite 29)

★ **Pfarrkirche Mariä Himmelfahrt**
Barocke Pracht aus der Hand Johann Baptist Zimmermanns – in Prien (Seite 31)

★ **St. Jakobus**
Wertvolle mittelalterliche Fresken in einem Kircherl in Urschalling (Seite 34)

★ **Altstadt Trostberg**
»Orgelpfeifen« drängen sich zwischen Schlossberg und Alz (Seite 34)

★ **Stiftskirche Baumburg**
Der schönste Rokokobau des Chiemgaus (Seite 35)

★ **Kloster Seeon**
Weltabgeschiedenes Idyll (Seite 37)

*Schloss Herrenchiemsee: verschwenderische Pracht in der Spiegelgalerie*

tigen Regenten. Ganze neun Tage hat er in seinem Traumschloss zugebracht. Wer den Märchenkönig näher kennen lernen will, kann das im *König-Ludwig-II.-Museum* im Südflügel des Schlosses tun *(Schloss und Museum April–Sept. tgl. 9.40–17 Uhr, Okt.–März 9.40 bis 16 Uhr, Eintritt 7 Euro)*. Auch die Gartenanlagen sind Versailler Vorbildern nachempfunden.

Wer sich von der Dampferanlegestelle her dem Schloss nähert (15 Minuten schattiger Fußweg oder Fahrt in einer Pferdekutsche), kommt am so genannten *Alten Schloss* vorbei. Dabei handelt es sich um ein ehemaliges Augustinerchorherrenstift, das aus einem im 8. Jh. – also zur selben Zeit wie Frauenwörth – gegründeten Benediktinerkloster hervorgegangen ist. Zu besichtigen sind der barocke Kaisersaal und die ehemalige Bibliothek, doch die meisten Besucher eilen achtlos vorbei, auch ohne zu ahnen, dass in diesem ehrwürdigen Gemäuer das Grundgerüst der Bundesrepublik Deutschland gezimmert wurde. Hier tagte im Sommer 1948 der »Verfassungskonvent zur Vorbereitung des Grundgesetzes«. Heute kann man im Alten Schloss gediegen essen und sogar in geschmackvoll eingerichteten Zimmern übernachten *(Schlosshotel Herrenchiemsee, tgl., 10 Zi., Tel. 08051/690 30, Fax 621 01, www.schlosshotel-herrenchiemsee.com,* **€€€***)*.

*Auskunft: Chiemsee Info Center, Felden 10, Bernau, Tel. 08051/96 55 50, Fax 965 55 30, www.chiemsee.de, Anfahrt per Dampfer von Prien/Stock aus*

## PRIEN

**[111 D2]** Prien ist die »Hauptstadt des Chiemsees«, eine freundliche, betriebsame Marktgemeinde mit eigenem Hafen (Stock). In Prien und Umgebung lässt es sich herrlich Ferien machen, denn vom Strandbad über das Heimatmuseum bis hin zum Yachthafen bietet die 9000-Ew.-Gemeinde eine hervorragende touristische Infrastruktur.

Maßgeblich für Priens Karriere im Fremdenverkehr waren der Bau der Bahnlinie München–Salzburg im Jahr 1860 und der Beginn der Personenschifffahrt nach Herrenchiemsee hinüber. Um den Ausflüglern den 2 km langen Weg vom Bahnhof hinunter zum Hafen zu ersparen, installierte Ludwig Feßler, Begründer der Chiemseeflotte, 1887 das »Bockerl«, eine Dampftrambahn, die unter dem Kosenamen »Feuriger Elias« als Deutschlands älteste Schmalspurbahn auch heute noch asthmatisch schnaufend ihre Pflicht tut.

Apropos Asthma: Prien ist staatlich anerkannter Luftkur- sowie Oberbayerns einziger Kneippkurort.

## SEHENSWERTES

### Pfarrkirche Mariä Himmelfahrt

★ Der Innenraum des spätgotischen Gotteshauses wurde im 18. Jh. von dem Münchner Hofmaler Johann Baptist Zimmermann barock auf Vordermann gebracht: Überbordende Stuckatur bildet den Rahmen für das Deckenfresko zum Thema »Sieg der katholischen Streitmächte vor Lepanto«. *Am Marktplatz*

## MUSEEN

### Galerie im Alten Rathaus

Hier sind Werke jener Künstler zu sehen, die zwischen 1870 und 1930 mit den Gruppen »Bären und Löwen« und »Die Welle« Priens Ruf als Künsterkolonie begründeten. Außerdem aktuelle Ausstellungen moderner Kunst. *Mi, Do und Fr 14–17, Sa/So 11–13 und 14 bis 17 Uhr, Eintritt 2 Euro, Alte Rathausstr. 22*

### Heimatmuseum

Früher war es einmal der Meierhof der Pfarrei, heute beherbergt es als Museum verschiedene Bauernstuben, Hinterglasbilder, Fischereiobjekte und eine hübsche Sammlung des »Priener Huts«, eines außergewöhnlichen Kopfputzes für die einheimischen Bäuerinnen. Stilechte Zutat ist der Bauerngarten vor dem Haus. *Mitte April–Ende Okt. Di–So 10–12 und 14–18 Uhr, Eintritt 1,50 Euro, Friedhofweg 1*

## ESSEN & TRINKEN

### Zum Fischer am See

Traditionslokal mit schöner Terrasse mit Fernsicht, auf der all das aufgetragen wird, was die Fischer fangfrisch aus dem See gezogen haben. Geöffnet von 9 bis 1 Uhr, an Sommerabenden herrscht meistens großer Rummel. *Im Winter Mo geschl., Tel. 08051/907 60, www.fischeramsee.de,* €€

### Mühlberger

Witzigmann-Schüler Thomas Mühlberger lässt Klassiker wie Kalbsfilet oder Rehrücken auf höchstem Niveau auffahren. *Mi mittags und Di geschl., Bernauer Str. 40, Tel. 08051/96 68 88,* €€€

## ÜBERNACHTEN

### Yachthotel Chiemsee

Eine der ersten Adressen am Chiemsee. Herrliche Seelage sowie eigener Hafen, Wellnessbereich und dreistöckige Turmsuite. *97 Zi., 5 Suiten,*

*Harrasser Str. 49, Tel. 08051/69 60, Fax 51 71, www.yachthotel.de, €€€*

## FREIZEIT & SPORT

**Chiemsee Golfclub**
9-Loch-Platz. *Am Bauernberg, Tel. 08051/622 15, www.cgc-prien.de*

**Chiemsee Yachtschule des Deutschen Hochseesportverbandes**
*Harrasser Str. 71, Tel. 08051/17 40*

**Prienavera Erlebnisbad**
Alles vom Spaßbecken mit Strömungskanal über die 70-m-Tunnelrutsche und das beheizte Außenbecken bis hin zu Tauchkursen und Aerobic. Sauna. *Seestr. 120, Tel. 08051/60 95 70, www.prienavera.de, Mo–Fr 10–21, Sa/So 9–21 Uhr, Strandbad (im Sommer) 9–20 Uhr, Eintritt ab 8 Euro*

**Reitstall Haider**
*Priener Str. 39, Tel. 08051/32 15*

## AM ABEND

**Mittelpunkt**
Cafébar mit warmen Mahlzeiten, Livemusik und Kabarett. *Bahnhofstr. 1, Tel. 08051/614 12, www.mittelpunkt-prien.de, tgl. 8–1 Uhr*

## AUSKUNFT

**Kurverwaltung**
*Alte Rathausstr. 11, Tel. 08051/690 50, Fax 69 05 40, www.prien.chiemsee.de*

## ZIELE IN DER UMGEBUNG

**Eggstätt-Hemhofer Seenplatte** **[111 D1–2]** Insider Tipp
Hartsee, Pelhamer See, Arxtsee, Langbürgner See – nicht weniger als 17 kleine und sehr kleine Seen, 8 bis 15 km westlich des Dorfes Eggstätt, bilden die Eggstätt-Hemhofer Seenplatte, ein landschaftlich hinreißendes Erholungsgebiet, erschlossen

*Badewonnen finden Wasserratten im Erlebnisbad Prienavera*

durch zahlreiche Wanderwege. Entstanden in der letzten Eiszeit, ist die Seenplatte ein ökologisch einzigartiges Naturschutzgebiet, das bis heute in der weitgehend ursprünglichen Form erhalten blieb. Am *Hartsee* gibt es ein Strandbad mit Beachvolleyballplatz. *www.eggstaett.de*

**Bad Endorf** [110 C1]

Bayerns jüngstes Heilbad (8000 Ew.) – seine Jod-Thermalsolequellen sind die stärksten Europas und seit 1987 staatlich anerkannt – liegt 13 km von Prien entfernt zwischen Chiemsee, Simssee und Eggstätt-Hemhofer Seenplatte und ist somit idealer Stützpunkt für Badekuren aller Art. Der bäuerlich-gemütlich wirkende Kurort verfügt neben seinem Jod-Thermalsole-Bewegungsbad über ein eigenes Theater mit 800 Plätzen und viel Tradition: Das »Volkstheater Endorf« gibt es schon seit 1790. Im Ortsteil *Antwort* steht mit der Filialkirche *Mariä Himmelfahrt* eine der ältesten Wallfahrtskirchen des westlichen Chiemgaus. *Auskunft: Kurverwaltung, Bahnhofstr. 6, Tel. 08053/30 08 22, Fax 30 08 30, www.bad-endorf.de*

**Gstadt** [111 D–E2]

Hier am Nordufer (11 km von Prien) haben sich mehr Künstler, aber auch mehr Großkopferte angesiedelt als irgendwo sonst am Chiemsee. Grund genug haben sie ja: einen traumhaften Blick über den See und die Inseln bis weit in die bayerischen und österreichischen Alpen hinein, die kürzeste Schiffsverbindung nach Frauenchiemsee hinüber, ferner die am Ortsrand gelegene romanische Kirche *St. Petrus* aus dem 12. Jh. und das einladende *Landgasthaus Schalchenhof (Mi geschl., Tel. 08054/230, €€)*. Im nahen *Breitbrunn* kann man in der *Weberei Höfer* Insider Tipp *(Fieberting 6)* schöne Dirndlstoffe einkaufen. *www.gstadt.chiemsee.de*

**Rimsting** [111 D2]

Der weitläufige Luftkurort (3 km von Prien) im westlichen Chiemseewinkel hat königliche Geschichte gemacht: Von hier aus ließ sich Ludwig II. in einem Kahn nach Herrenchiemsee hinüberrudern. Heute sind für Prachtentfaltung nur noch die drei barocken Hochaltäre in der Pfarrkirche *St. Nikolaus* zuständig. Sie wurden für Herrenchiemsee geschaffen und kamen erst nach der Säkularisation hierher. Im linken Seitenaltar steht eine spätgotische Madonna, die dem bis heute nicht identifizierten »Meister von Rabenden« zugeschrieben wird, einem der bedeutendsten süddeutschen Bildhauer des 16. Jhs. *www.rimsting.de*

**Seebühne Bernau** [111 D3]

Ungefähr auf halber Höhe zwischen Prien und Bernau fügen sich Natur und Unterhaltung zu einem schönen Gesamterlebnis zusammen: Auf Deutschlands erster Seebühne, deren Tribüne bis zu 1800 Zuschauern Platz bietet, finden im Sommer vor der beeindruckenden Kulisse von Herrenchiemsee und den Chiemgauer Alpen fröhliche Musikspektakel wie »Der Watzmann ruft« oder »Elvis lebt« statt. Ein eigener Schiffsanleger erlaubt die Anfahrt per Dampfer von Prien oder Bernau aus. *Tel. 01805/98 19 81, www.seebuehne.de*

**Übersee-Feldwies** [111 E3]

Die Salzburger Autobahn trennt das Chiemsee-Südufer sehr unschön vom Hinterland. Der Vorteil dieser Straßenführung: Die Moorlandschaft rund um das *Kendlmühlfilz* blieb in ihrer Gesamtheit erhalten. Das Mündungsgebiet der Tiroler Ache ist sogar Naturschutzgebiet. Insider Tipp *Naturführungen* mit Ruderboot oder per pedes, mit Kescher oder Insektennetz organisiert die *Priener Tourismus GmbH (Alte Rathausstr. 11, Tel. 0805/690 50)*.

In Übersee, 20 km von Prien, lebte der sezessionistische Maler Julius Exter, dessen zum Atelier umgebautes Bauernhaus heute als Museum, Galerie und Begegnungsstätte dient *(Exter Kunsthaus, bei Ausstellungen April–Okt. Di–So 17 bis 19 Uhr, Blumenweg 5, Tel. 08642/ 89 50 83)*. Im Ortsteil *Feldwies* wartet das größte Strandbad des Chiemsees mit 36 000 m² Liegewiese und Campingplatz direkt nebenan auf. *www.uebersee.com*

**Urschalling** **[111 D3]**

Klein, aber oho: das spätromanische Kirchlein ★ *St. Jakobus* im Dorf Urschalling (3 km südlich von Prien), wegen seiner fast vollständig erhaltenen Fresken aus dem 14. Jh. eine der eindrucksvollsten Sehenswürdigkeiten des Chiemgaus. Fast der gesamte Innenraum ist mit einfachen Bibelmotiven ausgemalt. Die Malereien stellen u. a. den Sündenfall dar und zeigen Szenen aus dem Marienleben und der Passion Christi, Heilige und Gestalten des Alten Testaments. Malerisch geht es auch im benachbarten Wirtshaus zu: In der *Mesner Stub'n (Di geschl., Tel. 08051/39 71, www.mesnerstubn.de, €)* sammelt sich um Wirt Simmerl eine Mischung aus Einheimischen, aufgebrezelten Szenebayern und Touristen zu Bier und Brotzeit.

## TROSTBERG

**[107 F5]** Ein romantischeres Bild mittelalterlicher Stadtkultur gibt es im Chiemgau sonst nicht: Trostbergs (4000 Ew.) gotisches Stadtbild, zwischen Alztal und Berghang gezwängte Häuser, ist berückend, die Nähe zur Inn-Salzach-Region architektonisch deutlich zu spüren.

### SEHENSWERTES

**Altstadt Trostberg**

★ Die Altstadt besteht mehr oder weniger aus einer einzigen langen und sehr engen Häuserzeile. Mehr Platz war eben nicht zwischen Alz und Schlossberg, an den man sich Schutz suchend drängte. Den besten Eindruck der Trostberger Bauweise vermittelt der Blick von jenseits der Alz: Man sieht die gotischen Bürgerhäuser von hinten, verschieden breit, des Berghangs wegen unterschiedlich hoch und im Gesamtarrangement von malerischer Unbekümmertheit. »Trostberger Orgel« haben die Einheimischen das bunte Auf und Ab treffend genannt. Eine Pointe zur Ortsgeschichte: Die 1475 mit einer Reihe städtischer Rechte begabte herzogliche Marktsiedlung erlangte erst 1913 den Rang einer »richtigen« Stadt!

**St. Andreas**

Die spätgotische Pfarrkirche beherrscht das Ortsbild; ihre dreischiffige Halle ist unverfälscht erhalten. Sehenswert: der spätgotische Taufstein und die Grabdenkmäler, davon gleich drei für den Ritter Hanns Herzhaimer, einen großen Gönner der Stadt. *Vormarkt 22*

*Fresken in dem einstigen Augustinerchorherrenstift Baumburg*

## MUSEUM

**Städtisches Heimatmuseum**
Gezeigt werden Objekte bürgerlicher und bäuerlicher Wohnkultur von der Renaissance bis in die 1950er-Jahre, sakrale Kunst, Gemälde, Zeichnungen und jede Menge Schützenscheiben. *Etwa Mai bis Okt. Di und Do 16–19 Uhr, Juli und Aug. außerdem Sa/So 16–19 Uhr, Eintritt 2 Euro, Schedling 9–11*

## ESSEN & TRINKEN ÜBERNACHTEN

**Hotel Pfaubräu**
Eine der breiteren »Orgelpfeifen« am Ort aus dem 15./16. Jh., im Erdgeschoss sind noch Netzgewölbe zu sehen. Von behäbiger, aber ansprechender Bürgerlichkeit, auch in der Küche. *Tgl., 23 Zi., Hauptstr. 2, Tel. 08621/982 90, Fax 98 29 99, www.hotel-pfaubraeu.de, €*

## FREIZEIT & SPORT

Angeln in der Alz. Das Freibad wird für die kalte Jahreszeit in eine Eisbahn verwandelt *(Freibad/Kunsteisstadion, Schwimmbadstr. 1, Badebetrieb zwischen Mitte Mai und Ende Aug. tgl. 9–20 Uhr, bei schlechtem Wetter nur 9–11 und 17–19 Uhr, Eislauf Nov.–März tgl. 14–16 Uhr).*

## AUSKUNFT

**Verkehrsverein**
*Im Rathaus, Hauptstr. 24, Tel. 08621/801 30, Fax 801 80, www.trostberg.de*

## ZIELE IN DER UMGEBUNG

**Altenmarkt/Baumburg** [107 F5–6]
Altenmarkt (3600 Ew., 2 km von Trostberg) wird überragt von der ★ *Stiftskirche Baumburg* (St. Mar-

garethen), der auf einer Anhöhe gelegenen und weithin sichtbaren Kirche des einstigen Augustinerchorherrenstifts. Der größte und schönste Rokokobau des Chiemgaus ist von äußerlicher Schlichtheit, bezaubert im Inneren aber mit Wessobrunner Stuck, fein geschnitztem Chorgestühl und dem mit überlebensgroßen Heiligenfiguren geschmückten Hochaltar.

Wo die Alz mit der Traun zusammenfließt (zuvor tobt sie sich in einem Wasserfall aus), liegt das stille Städtchen. Beste Einkehr findet man gleich neben der Stiftskirche im – ebenfalls nur äußerlich schlichten – *Bräustüberl (tgl., Tel. 08621/51 55, €)*, in dem das Baumburger Klosterbräubier ausgeschenkt wird. Kontrastprogramm für abends: Der Insider Tipp *Club LiBella (Trostberger Str. 6, Tel. 08621/48 15, www.cafe-libella.de)*, eine der heißesten Adressen für Underground-Sound in Oberbayern, wird von Nachteulen sogar aus München angefahren.

**Chieming** **[111 F2]**

Seine »Monopolstellung« – einziger Ferienort am Ostufer des Chiemsees – hat Chieming (2200 Ew., 9 km von Trostberg) zum Glück nicht zum Leichtsinn verführt. Sein dörfliches Antlitz hat es sich weitgehend bewahrt. Das schönste Anwesen im Ort ist der perfekt restaurierte Insider Tipp *Denglhamer Hof* von 1822, in dem heute öffentliche Veranstaltungen stattfinden. Chieming hat ein 6 km langes, kiesiges Freibadegelände. *www.chieming.de*

**Rabenden** **[107 E5]**

Wer er war, weiß man bis heute nicht. Doch der »Meister von Rabenden« zählt zu den bedeutendsten Schnitzern der Spätgotik. Im dem Dorfkirchlein *St. Jakob* (7 km von Trostberg entfernt gelegen) Insider Tipp hat er sich Anfang des 16. Jhs. mit einem wunderschönen Flügelaltar unsterblich gemacht. Die dominierenden Gestalten sind der Heilige St. Jakobus und die Apostel Simon und Thaddäus.

In der Pfarrkirche des nahen *Obing* gibt es drei weitere Figuren des Meisters von Rabenden zu bewundern.

**Seebruck** **[111 E1]**

Der am Nordufer des Chiemsees gelegene hübsche Ferienort (13 km von Trostberg, 5500 Ew.) erfreut sich bei Wassersportlern größter Beliebtheit: Sein Yachthafen ist mit 500 Liegeplätzen einer der größten in Bayern. Die Gegend gehört außerdem zu den besterforschten Römerorten in Bayern. Über 500 Fundstücke wurden im Insider Tipp *Römermuseum Bedaium (Di–Sa 10–12 und 15–17, So 15–17 Uhr, im Sommer ohne Mittagspause, Eintritt 4,50 Euro, Römerstr. 3)* zusammengetragen. Neben den Mauerresten des alten Kastells sind auch römische und keltische Funde aus dem ganzen Chiemgau zu sehen.

Gute regionale (See-)Küche wird im Restaurant des *Seehotel Wassermann (tgl., Ludwig-Thoma-Str. 1, Tel. 08667/87 10, www.hotel-wassermann.de, €€€)* serviert; eine charmante Bleibe finden Gäste im *Hotel Malerwinkel (20 Zi., Lambach 23, Tel. 08667/888 00, Fax 88 80 44, €€)*.

Empfehlenswert ist auch das südlich von Seebruck gelegene *Hotel Gut Ising (115 Zi., Tel. 08667/790, Fax 794 32, www.gut-*

*Kloster Seeon liegt auf einer idyllischen Halbinsel im Seeoner See*

*ising.com, €€€)* mit seinem Reitsportzentrum.

Nahe dem Weiler *Pavolding,* auf halbem Weg zwischen Seebruck und Seeon gelegen, stößt man zwischen friedlich wiederkäuenden Kühen unvermutet auf moderne Kunst: drei Bronzeskulpturen von Heinrich Kirchner, einem Münchner Professor für Bildhauerei, der hier auf dem »Fischerhof« lebte und arbeitete. *www.seeon-seebruck.de*

**Kloster Seeon** **[107 E6]**

★ Dass das 8 km von Trostberg entfernte Benediktinerkloster bei seiner Gründung vor 1000 Jahren auf einer Insel im Seeoner See gestanden hat, lässt sich nur noch erahnen, denn die Verlandung hat die Insel zur Halbinsel gemacht. Erhalten geblieben sind die zweitürmige Kirche *St. Lambert,* ein schlichter Kreuzgang mit gotischen Gewölben und der weltabgeschiedene, stille Charme des Ensembles, dem schon Wolfgang Amadeus Mozart verfiel. Kirche, See und Holzsteg geben ein Idyll ab, wie man zauberhafter so schnell keines finden wird. Das im Kloster untergebrachte *Kultur- und Bildungszentrum Oberbayerns* und richtet vor Ort emsig Ausstellungen und sehr schöne Konzerte aus. *www.seeon-seebruck.de*

**Stein an der Traun** **[107 F6]**

Gleich mit drei Burgruinen wartet das kleine Stein, 6 km von Trostberg entfernt, auf. Nur die *Höhlenburg* kann jedoch besichtigt werden. Die vermutlich um 900 vollständig in den Nagelfluhfelsen hineingehauene Burg gilt als die besterhaltene ihrer Art in Deutschland. Einladender als die Höhlenburg präsentiert sich unten im Ort der von zwei »welschen Hauben« gekrönte *Gasthof zur Post (Mo geschl., Hauptstr. 5, Tel. 08621/22 39, €)* mit Biergarten, Reitstall und bodenständigen Brotzeiten.

# Ski, Rodel und Bergsteigen gut

## Südlich des Chiemsees erhebt sich ein variantenreiches Freizeitgebirge

Südlich des Sees erheben sie sich jäh und unvermittelt gen Himmel: die Chiemgauer Berge, der südliche Abschluss der weiten, flachen Chiemseelandschaft. Obwohl ihrer Erscheinung das Hochdramatische und jegliche Extreme fehlen, ragen sie doch recht eindrucksvoll in die Höhe. Der Grund dafür ist einfach: Mit Ausnahme der von Gletschern abgelagerten Moränenhügel gibt es im Chiemgau keine allmählich ansteigenden Vorberge, an die sich das Auge gewöhnen könnte. Die charakteristischsten Gipfel: allen voran natürlich die Kampenwand (1664 m), dann Hochries (1563 m) und Geigelstein (1808 m), die Zwillingsberge Hochfelln (1664 m) und Hochgern (1748 m) sowie, schon hart an der Grenze zu den Berchtesgadener Alpen, Zwiesel (1782 m) und Hochstaufen (1771 m). Eine Bergwelt, die ungezählte Möglichkeiten zum Wandern, Bergsteigen, sogar zum Klettern bietet und die selbst für jene, denen es vornehmlich um die schöne Aussicht geht, genügend »Aufstiegshilfen« in Form von Gipfelbahnen bereithält.

*Prächtige Bauernhöfe bestimmen das Ortsbild von Sachrang*

*Einmal Gipfel und zurück*

## ASCHAU

**[110–111 C–D4]** Eilig sprudelnd und mitunter ziemlich kurvenreich bahnt sich das Flüsschen Prien seinen Weg von der Tiroler Quelle nach Norden zum See. Dort, wo sich das schmale Priental in den Chiemgau öffnet, liegt zu Füßen der Kampenwand Aschau (4500 Ew.), ein altes, schönes Bauerndorf, das mit Schloss Hohenaschau und mit seiner zweitürmigen, bayerisch-barocken Pfarrkirche zwei weithin sichtbare Wahrzeichen besitzt.

### SEHENSWERTES

**Pfarrkirche St. Maria**
Kaum zu glauben, dass diese so heitere, üppige Barockkirche schon im 15. Jh. erbaut wurde – als

*Schloss Hohenaschau – stolze Wacht am Eingang des Prientals*

gotischer Zweischiffbau. Dessen Barockisierung verdanken Besucher den mit prachtvoller Stuckatur versehenen Innenraum, in dem ein mächtiges Deckenfresko von Balthasar Mang mit aufwändig geschnitzten Rokokobeichtstühlen und eine weißgüldene Kanzel um die Wette strahlen. *Kirchplatz 1*

**Schloss Hohenaschau**
Groß, trutzig und wunderbar erhalten, bewacht es von seiner isolierten Lage auf einem bewaldeten Höhenrücken aus den Eingang des Prientals: Schloss Hohenaschau, eine der bedeutenden Höhenburgen Oberbayerns. Die weitläufige Burganlage zerfällt optisch wie historisch in drei Teile, deren ältester aus der mittelalterlichen Ringmauer und dem Bergfried (12. Jh.) besteht. Es folgten zahlreiche Aus- und Umbauten; sein heutiges Gesicht erhielt Schloss Hohenaschau im Wesentlichen im Hochbarock. Zu den Höhepunkten einer Führung durch die Anlage zählen die Schlosskapelle (Altarbilder von Johann Baptist Zimmermann), der monumentale Ahnensaal und der Laubensaal. *Führungen April und Okt. nur Do, Mai–Sept. Di–Fr 9.30, 10.30 und 11.30 Uhr, Eintritt 2,50 Euro*

## ESSEN & TRINKEN ÜBERNACHTEN

**Alpengasthof Brucker**
Gemütliches Wirtshaus am Ufer der Prien. Spezialität: fangfrische Forellen. *Mai–Sept. Mi ab 14 Uhr und Do geschl., Okt.–April Mi und Do geschl., Schloßbergstr. 12, Tel. 08052/49 87,* **€€**

**Residenz Heinz Winkler**
★ Der Südtiroler Starkoch Heinz Winkler hat sich einen Traum erfüllt und die traditionsreiche Aschauer *Post* zu neuem Leben er-

weckt. Das Restaurant mit »Cuisine Vitale« erstrahlt im Glanz dreier Michelin-Sterne. Luxus wird hier höchst genießerisch zelebriert! *Tgl., 19 Zi., 13 Suiten, Kirchplatz 1, Tel. 08052/179 90, Fax 17 99 66, www.residenz-heinz-winkler.de,* €€€

## EINKAUFEN

Insider Tipp

**Prientaler Bergbauernladen**

Garantiert aus der Region: frisches Obst und Gemüse, Käse und Schaffleisch, Kuchen und Marmeladen. *Bahnhofsplatz*

## AM ABEND

**Chiemgauer Volkstheater**

★ In Aschau sitzt das auch überregional bekannte Chiemgauer Volkstheater. Kein Schuhplattln, kein Jodeln, sondern gut gemachtes, sehenswertes Volkstheater. Die Vorstellungen finden von Jan. bis Sept. im Kurtheater statt. *Kartenverkauf: Kurverwaltung, Kampenwandstr. 38, Tel. 08052/90 49 37*

**Eiskeller**

Insider Tipp

Cooler Club am Fuße des Schlossbergs mit gutem Bar-, Disko- und Kabarettprogramm. Legendär die jährliche Beach-Party am Seeufer! *Schlossbergstr. 5, Tel. 08052/90 93 28, www.eiskeller.com, Do bis So ab ca. 21 Uhr*

## FREIZEIT & SPORT

Im Winter warten auf Aktivurlauber 15 km Pisten rund um die Kampenwand, Sprungschanzen, Loipen, Natureislauf- und Rodelbahn. Im Sommer gibt es eine besondere Bademöglichkeit:

**Natur-Moorschwimmbad**

*Höhenberg 1, Tel. 08052/55 06, Mitte Mai–Mitte Sept. tgl. 9–19 Uhr*

## AUSKUNFT

**Kurverwaltung**

*Kampenwandstr. 38, Tel. 08052/90 49 37, Fax 90 49 45, www.aschau.de*

## MARCO POLO Highlights »Chiemgauer Alpen«

★ **Residenz Heinz Winkler**
Die anerkannt beste Küche des Voralpenlandes wird in Aschau aufgetragen – drei Sterne! (Seite 40)

★ **Chiemgauer Volkstheater**
Die bayerische Lust am Schauspiel gilt als Erbe der Kelten – zu erleben in Aschau (Seite 41)

★ **Kampenwand**
Oberbayerischer Kultberg mit phantastischer Fernsicht; eine Aufstiegshilfe ist vorhanden (Seite 42)

★ **Streichenkapelle**
Jeder muss selbst entscheiden, was ihn mehr beeindruckt: die Aussicht auf die Berge ringsum oder der Kunstgenuss (Seite 49)

## ZIELE IN DER UMGEBUNG

**Frasdorf** **[110 C3]**
Um das verkehrsgünstig (da direkt an der Autobahnausfahrt) und 5 km von Aschau entfernt gelegene Dorf (2900 Ew.) herum finden kunstsinnige Besucher eine Reihe sehenswerter Bauten. An der Straße nach Prien steht mitten auf der Wiese die alte *Wallfahrtskirche St. Florian* mit einem wunderschön restaurierten spätgotischen Flügelaltar und der Brunnenkapelle. Neben der kunsthistorischen gefällt auch die gastronomische Infrastruktur: Die feine Regionalküche des *Landgasthofs Karner (tgl., Nußbaumstr. 6, Tel. 08052/40 71, www.landgasthof-karner.de, €€€)* wird bis nach München gelobt, die *Schloßwirtschaft Wildenwart (Mo und Di geschl., Ludwigstr. 8, Tel. 08051/27 56, €€)* serviert Gutbürgerliches mit Anstand und besitzt einen bezaubernden Biergarten. *www.frasdorf.com*

**Kampenwand** **[111 D4]**
★ »Wann i mit meiner Wamp'n kannt«, heißt es sehr anschaulich in einem beliebten bayerischen Schüttelreim, »dann gang i auf die Kampenwand.« Dafür, dass auch beleibtere Existenzen problemlos auf den charakteristischsten aller Chiemgau-Berge gelangen können, sorgt die Kampenwandbahn, die es in nur 14 Minuten bis fast ganz oben schafft. Der zackige Gipfelkamm und damit die schönste Aussicht über den See, den Chiemgau und den Wilden Kaiser im Süden bleibt trittsicheren Bergsteigern vorbehalten. Im Winter ist die Kampenwand ihrer Skiabfahrten wegen beliebt. *www.kampenwand.de*

**Sachrang** **[110 C5]**
Dass Tirol nicht mehr fern ist, kann man im gemütlichen Grenzdorf Sachrang (12 km von Aschau) schon an den wuchtigen, kleinfenstrigen Bauernhäusern erkennen, die das Ortsbild bestimmen. Seine im Vergleich zu seiner Größe (700 Ew.) beachtliche Prominenz verdankt Sachrang weniger der hochbarocken *Pfarrkirche* (1685, schöner Friedhof) als dem Unikum Müllner-Peter, einem Komponisten und Laienarzt, der hier bis zu seinem Tod 1843 lebte. Zu seiner Erinnerung wurde im schönen ehemaligen Sachranger Schulhaus ein *Museum* (Insider Tipp) mit zahlreichen Reminiszenzen aus seinem Leben eingerichtet; dazu gehört ein Heilkräutergarten *(Mo, Do, Sa, So 14–17, Mi 10–12 Uhr, Sonderführungen im Garten nach Anmeldung, Eintritt 2 Euro, Tel. 08057/378, Schulstr. 3).*

Sachrang ist auch Ausgangspunkt für Bergtouren auf den *Geigelstein* (1808 m), der schon seiner besonders üppigen Flora wegen den Aufstieg lohnt, und auf die *Hochries* (1563 m). *Auskunft: Verkehrsverein, Dorfstr. 20, Tel. 08057/378, Fax 10 51, www.sachrang.de*

# GRASSAU

**[111 E4]** Am Eingang des Achentals liegt das über tausendjährige Grassau (5500 Ew.), ein Ort, der schon im Mittelalter eines der geistigen und kulturellen Zentren des Chiemgaus war. Heute wirkt Grassau ein bisschen zersiedelt, vermag aber immer noch die Bewohner des Umlands und »Sommerfrischler« gleichermaßen anzuziehen. Zu den Höhepunkten des dörflichen Trei-

## Jodeln für eine heile Welt

**Maria und Margot Hellwig sind in Reit im Winkl zu Hause**

Gemeinsam sind sie stimmstark: Maria und Margot, oder auch Mutter und Tochter Hellwig, gelten seit 1963 als die ungekrönten Königinnen der Volksmusik. Blond onduliert und rigoros im Dirndl, eroberten sie mit eigenen Musiksendungen im Fernsehen, ungezählten CDs und Liveauftritten ein Millionenpublikum. Wenn man die beiden aus voller Brust zum »Erzherzog-Johann-Jodler« ansetzen hört (den Mutter Maria auch auf Russisch beherrscht), möchte man kaum glauben, dass Maria Hellwig das Jodeln anfangs so schwer fiel, dass sie es heimlich im Kohlenkeller übte.

bens gehört der *Michaelimarkt* am letzten Samstag im September, bei dem auf der großen Festwiese der halbe Chiemgau zusammenzukommen scheint.

### SEHENSWERTES

**Pfarrkirche Mariä Himmelfahrt**
Überragt andere oberbayerische Dorfkirchen an kunsthistorischer Bedeutung. Besonders interessant sind die gotischen Fresken aus dem frühen 15. Jh., die im Chorraum freigelegt worden sind. Die übertriebene Frömmelei gewisser Grassauer Kreise hat der Tiroler Jacob Carnutsch Anfang des 17. Jhs. an die Unterseite der Westempore gemalt: Ein Trupp Glaubensbrüder zieht mit »scharfem Gebet« schwer bewaffnet zur »Himmelsburg«.

### ESSEN & TRINKEN

Insider Tipp **Gasthof Sperrer**
Dorfwirtschaft mit bayerisch-bürgerlicher Küche. Gästezimmer stehen im Neubau nebenan zur Verfügung. *Mo geschl., 39 Zi., Ortenburger Str. 5, Tel. 08641/20 11, Fax 18 81, www.hotel-sperrer.de,* €

### ÜBERNACHTEN

**Astron-Sporthotel Achental**
Modernes Haus, in dem nichts fehlt – weder Hallenbad noch Tennisplätze und auch nicht die Schönheitsfarm. *213 Zi., Mietenkamerstr. 65, Tel. 08641/40 10, Fax 17 58, www.astron-resorts.com,* €€

**Grossrachlhof** Insider Tipp
Ferienwohnungen im wunderschönen alten Erbhof, herrlich ruhig im Grünen gelegen. Familie Sichler bietet zudem einen Streichelzoo, eine Alm – und eine eigene Schnapsbrennerei! *10 Apartments, Grossrachl 1, Tel. 08641/15 20, Fax 59 87 25, www.grossrachlhof.de,* €

### AUSKUNFT

**Verkehrsamt**
*Kirchplatz 3, Tel. 08641/69 79 60, Fax 697 96 16, www.grassau-info.de*

## REIT IM WINKL

**[111 E5]** Bekannter kann ein oberbayerischer Urlaubsort kaum sein als Reit im Winkl (2600 Ew.), dessen Lob auch jenseits der bayerischen Landesgrenzen immer wieder in den höchsten Tönen gesungen wird. Da kann man nur raten, woher der Ruhm wohl rühren mag. Von einer gewissen Fernsehprominenz, wie sie sich dank Gold-Rosi Mittermaier und den jodelnden Hellwigs quasi von allein einstellte? Oder vielleicht doch »nur« vom Klima? Das Bilderbuchdorf im südlichsten Zipfel des Chiemgaus ist einer der schneereichsten und schneesichersten Orte Deutschlands.

### MUSEUM

**Hausenhäusl**
Neu ist nur das Museum, nicht das Häusl, das vor einigen Jahren wieder in Stand gesetzt wurde. Jetzt beherbergt es Ausstellungsstücke zur kleinbäuerlichen Landwirtschaft und zum örtlichen Handwerk, beispielsweise dem Flachsbrechen. *Nur im Sommer Fr 14–16 Uhr, Eintritt 2 Euro, Weitseestr. 11*

### ESSEN & TRINKEN

**Berggasthof Jederer**
Die urige Einkehr für Berg- und Autowanderer liegt auf dem 1061 m hohen Walmkogel. Solide Küche, schöne Aussicht und günstige Zimmer. *Mi geschl., Tel. 08649/85 67, €*

**Klauser's Café-Restaurant**
Nachmittags Kuchen, abends feine internationale Küche aus der Hand von Patron Wolfgang Klauser. *Mo geschl., Birnbacher Str. 8, Tel. 08540/84 24, €€–€€€*

### ÜBERNACHTEN

**Bichlhof**
Ortsrandlage mit herrlichem Bergblick. Zum Frühstück und zum

*Panoramablick auf den Luftkur- und Wintersportort Reit im Winkl*

Abendessen gibt es üppige bayerische Buffets. *25 Zi., Tiroler Str. 1–3, Tel. 08640/982 50, Fax 434, €€*

**Steinbacher Hof**
Etwas außerhalb gelegen. In den bäuerlich eingerichteten und behaglichen Zimmern schläft man sehr ruhig. Große Wellnessoase! *65 Zi., Steinbachweg 10, Tel. 08640/80 70, Fax 80 71 00, www.steinbacherhof.de, €€–€€€*

## AM ABEND

**Almrausch-Keller**
Wo einst die junge Maria Hellwig den Bass zupfte, kommen sich heute jüngere Einheimische und Touristen beim Hiphop näher. *Dorfstr. 15, Tel. 08640/13 55, Di bis Sa 19.30–2 Uhr*

## FREIZEIT & SPORT

Im Sommer gibt es ungezählte Möglichkeiten zum Wandern, etwa ins Moorgebiet *Hemmersuppenalm.*

## AUSKUNFT

**Verkehrsamt**
*Rathausplatz 1, Tel. 08640/800 20, Fax 800 29, www.reit-im-winkl.de*

## ZIEL IN DER UMGEBUNG

**Naturschutzgebiet Chiemgauer Alpen** [112 A–B5]
Zu Fuß oder mit der Pferdekutsche zu erreichen: das 95 km² große Naturschutzgebiet (10 km von Reit im Winkl), das sich, begrenzt von *Sonntagshorn* und *Rauschberg,* bis nach Ruhpolding und Bad Reichenhall erstreckt. Ein Gebiet von stiller, herber Schönheit. Zu den Attraktionen zählen vier Seen – darunter der Weitsee – und ein Wasserfall, der den Namen »Staubfall« trägt.

# RUHPOLDING

[112 A–B4] Ruhpolding (7000 Ew.) ist der wohl bekannteste Ferienort in den Chiemgauer Alpen. Dass sich das Dorf an der Weißen Traun seit den 1930er-Jahren dem preiswerten Massentourismus verschrieben hat, hinterließ seine Spuren. Positiv formuliert: Die touristische Infrastruktur in Ruhpolding ist hervorragend! Vor fast schon hochalpiner Kulisse (Rauschberg, Sonntagshorn, Loferer Steinberge) warten ein Wellenhallenbad und ein Märchenpark, Diskos und Töpferkurse, ein Autoverleih und 6400 Gästebetten.

## SEHENSWERTES

Im Ruhpoldinger »Zentrum« steht immer noch eine Reihe schöner alter Bauernhöfe und Holzhäuser.

**Pfarrkirche St. Georg**
Das barocke Gotteshaus gilt als eine der bedeutendsten oberbayerischen Dorfkirchen. Nicht nur wegen der wunderschönen spätromanischen »Ruhpoldinger Madonna« aus der Zeit um 1230, eines viel bewunderten Kunstwerks. Für den harmonischen Gesamteindruck sorgen die vielen Fresken und Bildkompositionen, die vom Guten Hirten gekrönte, teilweise vergoldete Kanzel mit Schafschur-Motiven und reich geschnitzte Beicht- und Betstühle. Die Pläne für die Kirche lieferte der Münchner Hofbaumeister Johann Gunetzrhainer, gebaut wurde sie 1738–57.

## MUSEEN

**Bartholomäus-Schmucker-Heimatmuseum**
Zu sehen sind Trachten, Glas und Porzellan, Waffen und Uniformen sowie der letzte in Bayern geschossene Bär. *Jan.–Okt. Di–Fr 10–12 Uhr, Eintritt 3 Euro, Herzogliches Jagdschloss, Schloßstr. 2*

**Hammerschmiede-Museum**
Die Ruhpoldinger Glockenschmiede ist 350 Jahre alt, die damals verwendete Technik ist – funktionstüchtig (!) – erhalten geblieben. Zu sehen gibt es die Werkstatt mit Wasserrädern, mehrere Essen, Fallhämmer und einen wasserbetriebenen Blasebalg. *Juli–Sept. tgl. 10–16 Uhr, Okt.–Juni Mo–Fr 10–12 und 14–16 Uhr, Eintritt 3 Euro, Haßlberg (Ortsteil Vorderbrand)*

## ESSEN & TRINKEN

**Café Windbeutelgräfin**
In origineller Einrichtung werden hier die weithin gefeierten Windbeutelspezialitäten serviert. *Mo geschl., Branderstr. 37, Tel. 08663/16 85*

*Im Café Windbeutelgräfin gibt es die besten Windbeutel weit und breit*

## ÜBERNACHTEN

**Almhof**
Herrlicher Bergblick von den gemütlich mit viel Holz ausgestatteten Zimmern. *14 Zi., Maiergschwendter Str. 5, Tel. 08663/885 80, Fax 88 58 28,* €–€€

**Steinbach Hotel**
Kultiviertes, ruhig gelegenes Hotel mit hübscher Bauernstube. Skilifte am Haus! *75 Zi., Am Westerberg, Tel. 08663/54 40, Fax 370, www.steinbach-hotel.de,* €€–€€€

## FREIZEIT & SPORT

Ruhpolding hat 250 km Wanderwege, einen 35 km langen Radwanderweg, eine Drachen- und Gleitschirmschule, ein Fitnesszentrum und eine Tischtennisschule, Reiterhöfe und Schwimmbäder, ein Biathlonzentrum sowie im Winter 60 km Langlaufloipen und zahlreiche Skilifte. Im Ortsteil Zell gibt es überdies einen Neun-Loch-Golfplatz, der unter Berücksichtigung ökologischer Gesichtspunkte gebaut wurde. *Auskunft: Tel. 08663/24 61*

**Vita Alpina**
Ein Hallenbad mit Meeresbrandung mitten in den Alpen! Dazu eine 76-m-Rutsche, verschiedene Saunen, Heukachelofen, Aromabad und zwei große Außenbecken. *Brander Str. 1, Tel. 08663/419 90, www.vitaalpina.de, tgl. 9–21 Uhr, Eintritt ab 8 Euro*

## AUSKUNFT

**Kurverwaltung**
*Hauptstr. 60, Tel. 08663/880 60, Fax 88 06 20, www.ruhpolding.de*

*Ruhpolding wird oft als Wander- und Radelparadies bezeichnet*

## ZIELE IN DER UMGEBUNG

**Inzell** **[112 B–C4]**

Freundlich wirkt der im geschützten Talkessel der Roten Traun gelegene Ferienort (3650 Ew., 9 km von Ruhpolding). Doch sein weltweites Renommee verdankt er seinem Kunsteisstadion, dessen 400-m-Bahn als besonders »schnell« gilt, weshalb hier auch schon viele Rekorde aufgestellt worden sind. Im Sommer dient die Bahn zum Rollschuhlaufen. Was Inzell sonst noch bietet: eine hübsche *Pfarrkirche* mit drei Rokokoaltären, einen schönen Spaziergang nach *Adlgaß*, wo mit *St. Nikolaus* ein romantisch-romanisches Kirchlein wartet, die traditionsreiche, wenngleich recht aufgebrezelte *Post* im Zentrum und den sehr empfehlenswerten *Gasthof Schmelz (35 Zi., 7 Apartments, Tel. 08665/98 70, Fax 17 18, www.gasthof-schmelz.de, €€)* im gleichnamigen Vorort. Fröhlich geht's am Wochenende im *Pub Rappelkiste (Fritz-Gastager-Str. 6, Do–So ab 21 Uhr)* zu, wo sich die jüngeren Inzeller zur Goaßn-Maß treffen. *Auskunft: Verkehrsverein Inzell, Rathausplatz 5, Tel. 08665/988 50, Fax 98 85 30, www.inzell.de*

**Maria Eck** **[112 A3]**

Ihre Lage könnte schöner nicht sein: »Balkon des Chiemgaus« wird die auf 882 m gelegene Wallfahrt Maria Eck (18 km von Ruhpolding) scherzeshalber genannt. Die Kirche, im 17. Jh. erbaut, hat einen barocken Hochaltar und zwei gleich der übrigen Einrichtung im Rokokostil gehaltene Seitenaltäre. 580 Wunder soll Maria hier gewirkt haben – das Mirakelbuch und die Votivtafeln sprechen Bände. Am dritten Sonntag im Mai zieht alljährlich die große Siegsdorfer Trachtenwallfahrt hier herauf. Individualisten brauchen von Siegsdorf aus zu Fuß eine Stunde nach Maria Eck – ein schöner Wanderweg, der auch fortgesetzt werden kann: Nach weiteren dreieinhalb Stunden steht man auf dem Gipfel des Hochfelln.

## SCHLECHING

**[111 D5]** Dort, wo die Tiroler Ache die österreichische Grenze überquert und bayerisch wird, liegt der Luftkurort und Wintersportplatz Schleching (1600 Ew.), der sich vom touristischen Erfolg nicht korrumpieren ließ und sein typisches, bayerisches Dorfgesicht beibehalten hat. Klimatisch interessant: Schleching ist so gut wie nebelfrei!

### SEHENSWERTES

**Pfarrkirche St. Remigius**

Früh schon wurde das hintere Achental von fränkischen Glaubensboten christianisiert – daher die Präsenz des »Franken« Remigius in Schleching. Die ihm geweihte Pfarrkirche ist ein dörflicher Barockbau. Sehenswert ist vor allem der Friedhof, in dessen Mauer Steine der alten romanischen Vorgängerkirche eingemauert sind und auf dem viele jener schmiedeeisernen Grabkreuze stehen, wie sie typisch sind für die letzte Ruhe im oberbayerischen Land.

### ESSEN & TRINKEN ÜBERNACHTEN

**Gasthof Zellerwand**

Gesunde, wohlschmeckende Küche – dargeboten in einer perfekt erhaltenen, bald 150 Jahre alten Gaststube! Es werden auch zwei Ferienwohnungen vermietet. *Di und Mi geschl., Mettenham Post Schleching, Tel. 08649/217, Fax 816, www.gasthof-zellerwand.de, €*

### FREIZEIT & SPORT

Neben 150 km markierten Wander- und Gebirgswegen kann Schleching vor allem mit der schnellen *Tiroler Ache* aufwarten, die sogar schiffbar ist – mit dem Kajak. Wer es wilder liebt, kann geführte Schlauchboottouren buchen, die vom Tiroler Ort Kössen aus durch die sprudelnde Entenlochklamm bis nach Schleching führen *(Sport Lukas, Hauptstr. 3, Tel. 08649/243, www.sportlukas.de)*. Insider Tipp

Im Winter ist der Hausberg Geigelstein skitechnisch bestens erschlossen. Die Geigelstein-Abfahrt ist eine FIS-Strecke, auf der eine auch heute noch brilliert: Traudl Hächer, Schlechingerin und 1986 mehrfache Weltcupsiegerin. Ihr Fachwissen gibt sie erfreulicherweise weiter *(Skischule Traudl Hächer, Schlechinger Str. 6, Schleching-Ettenhausen, Tel. 08649/319)*.

### AUSKUNFT

**Verkehrsamt**

*Haus des Gastes, Schulstr. 4, Tel. 08649/220, Fax 13 30, www.schleching.de*

### ZIELE IN DER UMGEBUNG

**Geigelstein** **[111 D5]**

»Blumenberg des Chiemgaus« nennt man gern den Geigelstein (1808 m). Tatsächlich ist die Flora des Schlechinger Hausberges unerhört artenreich: Allein 16 Enzianarten wurden hier ausgemacht und 36 verschiedene Orchideen. Seit 1991 ist der Geigelstein Naturschutzgebiet. Anders als vom Priental aus gibt es in Schleching einen Doppelsessellift zur *Wuhrsteinalm*

*Ländlich-liebliche Landschaft am Geigelstein, dem »Blumenberg«*

*(Tel. 08649/218, €)*, wo man neben einer herrlichen Aussicht auch feine Brotzeiten genießen und ein Nachtlager finden kann.

**Streichenkapelle** **[111 D5]**

★ Ausgeschrieben heißt sie »Wallfahrtskirche St. Servatius auf dem Streichen«, aber auch als Streichenkapelle ist sie ein Begriff. 300 m über dem Achental liegt das spätgotische, schindelgedeckte Kirchlein auf dem Streichen, einem Bergrücken 5 km südlich von Schleching, und verzaubert selbst jene, die mit kunsthistorischen Kleinoden sonst nur wenig im Sinn haben. Der Innenraum beherbergt Atemberaubendes: mehrere wertvolle Altäre, darunter einen kleinen Kastenaltar mit der Figur des hl. Servatius und bemalten Flügeln aus der Zeit um 1400, kostbare Wandmalereien aus der Mitte des 14. Jhs., die die hll. Christophorus, Wolfgang und Servatius darstellen. Gewissermaßen kongenial ist die Lage der Kapelle: irgendwo zwischen Himmel und Erde, einsam und scheinbar weit weg von allen menschlichen Kleinkrämereien. Und dann erst die Aussicht: Geigelstein und Kampenwand, Hochgern und, fast schon zum Greifen nah, die zackige Felsenkette des Wilden Kaisers. Einen schöneren Platz gibt es kaum im Chiemgau.

Wer von Schleching aus heraufwandern will, benötigt ungefähr zwei Stunden. Mit dem Auto kann man bis zu einem Parkplatz etwa 20 Minuten unterhalb des Streichen fahren. Empfehlenswert ist eine Einkehr im *Berggasthaus Streichen (Mo geschl., Tel. 08649/265, €)*, unterhalb der Kirche gelegen und selbst aus dem 15. Jh. Hier gibt es auch den Schlüssel für die Kapelle, die meistens zugeschlossen ist.

# Provinz mit Charme

## Wasserburg, Mühldorf, Rosenheim – Stadtbilder voller Kunst und Romantik

Wenn der Inn bayerisch wird, hat er schon eine längere Reise hinter sich. Er hat seine quirlige Gebirgsjugend in der Schweiz und im Tirolerischen abgelegt und kommt jetzt, in seiner Lebensmitte, ruhig und beinahe behäbig daher: ein stellenweise fast seebreit sich weitender Fluss, der in vielen Schleifen und Windungen nach Passau hinfließt, wo er sich in die Donau ergießt. Im Mittelalter wurde der Inn als Transportweg für den Holz- und Salzhandel immens wichtig, und die Städte und Märkte an seinen Ufern gediehen prächtig – eine Entwicklung, die man auch heute noch nachvollziehen kann.

*Das »Samerfest« in Samerberg*

## ALTÖTTING

**[108 B1–2]** Obwohl es nicht gerade ein architektonisches Juwel unter den Kleinstädten Südostbayerns darstellt, zählt Altötting zu den besonders anziehenden Orten in der Region. Auslöser solcher Attraktion ist die berühmte »Schwarze Muttergottes«, ein Gnadenbild, von dem sich die Gläubigen schon seit über 500 Jahren Hilfe und Errettung aus den verschiedensten Notlagen erhoffen. Mehr als eine Million Menschen wallfahrten alljährlich in das 12 000 Ew. große Städtchen und beeinflussen dessen Dasein erheblich. Was jedoch nicht bedeuten muss, dass sich im »Herzen Bayerns« nicht auch ohne Frömmigkeit ein Besuch lohnt.

*Stattliche Bürgerhäuser, durch Erker und mit Lüftlmalereien geschmückt, zeichnen Neubeuern aus*

### SEHENSWERTES

Der *Kapellplatz* ist eine städtebaulich auffallende Erscheinung: In respektvollem Abstand von der Gnadenkapelle, zusätzlich abgeschirmt von einem zweireihigen Baumkarree und Grünflächen, begrenzen würdige, zumeist sakrale Barockbauten die weite Fläche. Hier finden interessierte Besucher alle primären Sehenswürdigkeiten des Wallfahrtsortes ordentlich aufgereiht.

**Altöttinger Gnadenkapelle**

★ Mittelpunkt der Gnadenkapelle ist die *Schwarze Muttergottes*, ein

*Mehr als 2000 Votivtafeln hängen im Arkadengang der Gnadenkapelle*

ursprünglich farbiges Schnitzwerk aus der Zeit um 1330, dessen Schöpfer unbekannt geblieben ist. Schwarz verfärbt hat sich die Madonna über die Jahrhunderte im Rauch der nie verlöschenden Kerzen. Die Kapelle konzentriert sich um die achteckige Taufkapelle aus karolingischer Zeit (8. Jh.), einen der ältesten Zentralbauten Deutschlands. Rechts neben dem Gnadenaltar betet der *Silberprinz*, die fast lebensgroße Rokokostatue des zehnjährigen Kurprinzen Max Joseph (später Kurfürst Maximilian III.). Nicht minder beredte Zeugen tiefer Religiosität sind die zumeist selbst gemalten Votivtafeln, die zu Tausenden im *Kapellenumgang* hängen, Danksagungen an die Schwarze Muttergottes für Rettung aus großer Not. *Kapellplatz*

**Jerusalem-Panorama**

100 Jahre altes und sehr beeindruckendes Großraumpanorama zur Kreuzigung Christi. Das Rundgemälde ist 95 m lang. *März–Okt. tgl. 9–17 Uhr, Nov.–Feb. Sa/So 11 bis 14 Uhr, Eintritt 3,50 Euro, Gebhard-Fugel-Weg 10*

**Wallfahrtskirche St. Philipp und Jakob**

Anfang des 16. Jhs. baute man die spätgotische Stiftskirche mit ihren zwei charakteristischen Spitztürmen – schon aus der Ferne als Wahrzeichen Altöttings zu erkennen. Sie beherbergt den berühmten *Tod von Eding*, eine Skelettfigur, die hoch oben auf einer Schrankuhr sitzt und im Sekundentakt die tödliche Sense schwingt – ein eindrucksvolles Gedenken an die Pestzeit. Um die immer zahlreicher werdenden Weihegaben für die Muttergottes aufzunehmen, wurde 1510 an die Kirche die *Schatzkammer* angebaut, die kostbare Monstranzen, Silber- und Goldaltärchen sowie bäuerliche Wachsstöcke beherbergt. Das bedeutendste Stück aber ist das *Goldene Rößl*, ein von Pariser Goldschmieden gefertigtes Kunstwerk für die (aus Bayern gebürtige) Königin Isabeau von Frankreich. *Kapellplatz*

## ESSEN & TRINKEN ÜBERNACHTEN

**Zur Post Altötting**
Erstes Haus am Platz, im großbürgerlichen Stil und mit fünf verschiedenen Cafés und Restaurants ausgestattet. Im katholischen Sinne: Der Wellnessbereich ist züchtig nach Damen und Herren getrennt. *Tgl., 98 Zi., Kapellplatz 2, Tel. 08671/50 40, Fax 62 14, www.zurpost-altoetting.de,* €€

**Zwölf Apostel**
Ein gediegenes Haus der Mittelklasse mit ordentlicher, bürgerlicher Küche. *Tgl., 60 Zi., Bruder-Konrad-Platz 3–4, Tel. 08671/969 60, Fax 843 71, www.hotel-zwoelf-apostel.de,* €–€€

## AUSKUNFT

**Wallfahrts- und Verkehrsbüro**
*Kapellplatz 2 a, Tel. 08671/50 62 19, Fax 858 58, www.altoetting-tourist-info.de*

# MÜHLDORF

**[107 E–F1]** Keine andere bayerische Stadt am Inn ist von ihrer Bauweise, ihrem Stil her so sehr Innstadt wie Mühldorf (15 000 Ew.). Nirgendwo in den anderen Innstädten Bayerns ist das ursprüngliche Stadtbild mit seinen barocken Häuserfronten, seinem weit geschwungenen Marktplatz, seinen schattigen Gassen so perfekt erhalten wie in Mühldorf. Keine andere Innstadt wirkt heiterer,

## MARCO POLO Highlights »Städte am Inn«

★ **Altöttinger Gnadenkapelle**
Die rauchgeschwärzte Gnadenmadonna in Bayerns ältestem und bedeutendstem Wallfahrtsort stammt aus dem frühen 14. Jh. (Seite 51)

★ **Kraiburg**
Historischer Markt, den kaum einer kennt (Seite 54)

★ **Neubeuern**
Durch Bayerns Bilderbuchdorf Nr. 1 sollte man wenigstens einmal durchgefahren sein (Seite 57)

★ **Altstadt Wasserburg**
Als wär's vor Hunderten von Jahren: Die innumschlungene Stadt glänzt durch beste bauliche Geschlossenheit (Seite 58)

★ **Klosterkirche Rott am Inn**
Die Stiftskirche der alten Benediktinerabtei ist ein Rokokokunstwerk von europäischem Rang (Seite 61)

südlicher, italienischer. Mühldorf ist keine altbaierische Stadt, wie man seiner Lage nach wohl meinen könnte, sondern eher ein kleines Salzburg. Wen wundert's! Fast ein Jahrtausend lang gehörte die Stadt dem Erzbistum (Hochstift) Salzburg – als politische und kulturelle Enklave mitten in Bayern. Erst im Jahr 1802 kam Mühldorf an das Kurfürstentum Bayern.

## SEHENSWERTES

**Altstadt**

Dem *Stadtplatz* sollte man ein wenig Zeit widmen. In einem sanften Bogen schwingt er sich vom *Altöttinger* zum *Münchner Tor* (das älteste Bauwerk der Stadt, schon 1218 erwähnt), beiderseits gesäumt von pastellfarbenen Bürgerhäusern von beachtlicher Tiefe, deren dritter Stock nur »Show« ist: Hinter den Flachgiebeln verbergen sich die inntaltypischen Grabendächer. Die ganze Ostseite des Stadtplatzes kann man trockenen Fußes in einem durchgehenden Laubengang (15. Jh.) beschreiten. Charakteristisch für Mühldorf sind die engen, schluchtartigen Gassen, die vom Marktplatz wegstreben und oft sogar in zwei »Etagen« von Schwibbögen überwölbt werden. Wer einen Blick in die Innenhöfe riskiert, stößt auf malerische Arkadengänge. Am Stadtplatz liegt das in seiner Substanz spätgotische *Rathaus*, in dem neben einem schaurigen Hexenkammerl ein Sitzungssaal mit prachtvoll geschnitzter Kassettendecke zu besichtigen ist. Sehenswert sind auch die *Pfarrkirche St. Georg*, ein heiterer Spätrokokobau, und die beiden »Traidtkästen«, große Vorratsspeicher, in denen die Salzburger Erzbischöfe den ihnen zustehenden Getreidezehnten lagerten. Heute dient der Kornkasten als Stadtbücherei.

## MUSEUM

**Kreismuseum im Lodronhaus**

Im ehemaligen »Getreidekasten« untergebrachte Sammlung, die auf zwei Stockwerken Geologie, Stadtgeschichte, Volksfrömmigkeit und Innschifffahrt präsentiert. Auch zur Mühldorfer NS- und Nachkriegszeit gibt es einiges zu entdecken – Geschichtskapitel, die von den meisten Heimatmuseen gern verschwiegen werden. *Di–Do und So 14 bis 17 Uhr, Eintritt 1,50 Euro, Tuchmacherstr. 7, www.lodronhaus.de*

## ESSEN & TRINKEN ÜBERNACHTEN

**Altöttinger Tor**

Zentral und zum Teil im historischen Stadttor gelegen. Sehr nett isst man im Rosengarten. *Mo geschl., 11 Zi., Stadtplatz 85, Tel. 08631/40 88, Fax 14 05 30, www.hotel-altoettin gertor.de,* €

## AUSKUNFT

**Fremdenverkehrsbüro**

*Stadtplatz 21, Tel. 08631/61 22 26, Fax 61 22 06, www.muehldorf.de*

## ZIELE IN DER UMGEBUNG

**Kraiburg** **[107 D–E2]**

★ Schon von fern grüßt der Schlossberg, auch wenn er schon seit über 200 Jahren nicht mehr vom Kraiburger Schloss gekrönt wird. An Stelle der Burg steht jetzt eine *Gelöbniskapelle* heroben, doch ein Besuch Kraiburgs (4000 Ew., 11 km von Mühldorf) lohnt sich

## Rosenheim Cops

**Chiemgauer TV-Kommissare fesseln die Zuschauer vor dem Bildschirm**

Vorbild war natürlich der erfolgsverwöhnte »Bulle von Tölz« mit Oti Fischer in der Hauptrolle. Aber längst sahnen auch die »Rosenheim Cops« kräftig ab im Vorabendprogramm des ZDF. Dem Publikum gefällt das Ermittlerteam aus dem strafversetzten Hightech-Yuppie und dem bayerischen Urvieh, das am allerbesten »kombiniert«, wenn es ein paar Runden auf dem Traktor fährt. Und grundsätzlich sehen eben selbst Leichen netter aus, wenn sie vor stimmungsvoller Seen- und Bergkulisse präsentiert werden!

auch des alten, verwinkelten Stadtbildes wegen. Berühmt ist vor allem der fast quadratische *Marktplatz* mit dem *Marmorbrunnen* (1652), dem Renaissanceportal des *Wandlingerhauses* und der *Kirche*. Vor Letzterer stehen drei rührende, verwitterte Eisenkreuze zum Gedenken an frühere Kraiburger Bürgermeister. Feine Einkehr im *Hardthaus (So, Mo und mittags geschl., Marktplatz 31, Tel. 08638/730 67, €€–€€€)*, dem ehemaligen Kolonialwarenladen, wo der Holländer Marc Vermetten in lockerer Atmosphäre kreativ aufkocht.

### Tüßling [108 A2]

Was mit seinen knapp über 2000 Ew. anderswo nur ein belangloses Dorf wäre, ist im architektonischen Dunstkreis von Burghausen und dem 8 km entfernten Mühldorf bei aller Winzigkeit (und obwohl es offiziell nur ein »Markt« ist) beinahe selbst eine kleine Stadt geworden, mit wunderschönen Bürgerhäusern in typischer Inn-Salzach-Bauweise. Hauptattraktion Tüßlings aber ist sein ehemaliges *Wasserschloss*, ein gedrungenes Geviert mit hübschen Zwiebeltürmen und einem romantisch-verwilderten Park – leider nur von außen zu besichtigen. *www.tuessling.de*

# ROSENHEIM

**Karte in der hinteren Umschlagklappe**

**[110 A–B 2–3]** Die kreisfreie Stadt Rosenheim (57 000 Ew.), seit dem Mittelalter Kreuzungspunkt der großen Süd-Nord- und der Ost-West-Verkehrsachse, ist per se nicht unbedingt eine touristische Attraktion, sondern das quicklebendige, dank Fachhochschule auch sehr studentische Wirtschafts- und Geschäftszentrum Südostbayerns.

## SEHENSWERTES

### Altstadt

Rund um den *Max-Josefs-Platz* präsentiert sich die alte Handelsstadt im typischen Inn-Salzach-Stil. Schöne Patriziergebäude wie der historische *Gasthof Stockhammer*, Arka-

*Rosenheims Geschichte spiegelt sich noch heute im Inn-Salzach-Stil wider*

dengänge und Rokoko-Stuckfassaden erfreuen das Auge. Die alte Weinschenke *Zum Santa* stammt in ihren Ansätzen aus dem 13. Jh. – man beachte die mächtigen Kreuzgewölbe in der Wirtsstube! In der im neugotischen Stil wieder aufgebauten *Pfarrkirche St. Nikolaus* – ihr taillierter Turmhelm ist Rosenheims Wahrzeichen – gibt es eine beiderseits bemalte Holztafel mit einer Schutzmantelmadonna zu bewundern. Die zur *Heilig-Geist-Kirche* gehörende *Wolfgangskapelle* beherbergt ein spätgotisches Wandbild (1499) nach dem »Volto Santo« in Lucca.

## MUSEEN

**Innmuseum**
Spannende Dokumentation der Geschichte von Inn und Innflussfahrt in einem ehemaligen Flussbaustadel. *April–Okt. Fr 9–12, Sa/So 11–16 Uhr, Eintritt 2,50 Euro, Innstr. 74*

**Lokschuppen**
Die wunderschön renovierte Lokomotivenremise von 1858 ist heute die wohl bedeutendste Ausstellungshalle Südostbayerns und hat Rosenheims kulturelles Renommee spürbar erhöht. Wechselnde Ausstellungen und Veranstaltungen. *Mo–Fr 9–18, Sa/So 10.30–18 Uhr, Eintrittspreise je nach Ausstellung, Rathausstr. 24, www.kuko.de*

## ESSEN & TRINKEN

**Gasthof Stockhammer**
Traditionswirtschaft mit traditioneller Küche, die auf internationales Chichi verzichtet. *Sa abends und So geschl., Max-Josefs-Platz 13, Tel. 08031/129 69,* **€€**

**Zum Santa**
Gemütliche, historische Weinschenke mit einem hübschen Wintergarten. *Tgl., Max-Josefs-Platz 20, Tel. 08031/341 21,* **€€**

## ÜBERNACHTEN

**Parkhotel Crombach**
Traditionelles, gutbürgerliches Haus mit freundlichem Service, zentral, aber ruhig gelegen, mit Blick ins Grüne. *62 Zi., Kufsteiner Str. 2, Tel. 08031/35 80, Fax 337 27, www.parkhotel-crombach.de, €€€*

## AM ABEND

Insider Tipp **Tati's**
Beliebte Bar und Kneipe. Ab 23 Uhr wird es so voll, dass das (studentische) Publikum bis auf den Bürgersteig hinausschwappt. *Rühdorfer Str. 6, Do–So ab 21 Uhr*

## AUSKUNFT

**Tourist-Info**
*Stollstr. 1, Tel. 08031/365 90 61, Fax 365 90 60, www.touristinfo-ro.de*

## ZIELE IN DER UMGEBUNG

**Neubeuern** [110 A–B4]
★ Das Bilderbuchdorf (13 km von Rosenheim, 3200 Ew.) mit seinem zweitorigen *Marktplatz* und der üppigen Lüftlmalerei ist »neuer«, als es aussieht: Die meisten der prächtigen Erkerhäuser wurden erst um 1890 herum errichtet. Malerisch ist die Kulisse trotzdem, was schließlich dazu führte, dass die kleine Marktgemeinde schon dreimal zum »Schönsten Dorf« (Oberbayerns, Bayerns und Deutschlands) gekürt worden ist. Das Neubeuerer *Schloss* beherbergt ein renommiertes Internat; wenn Klassikkonzerte auf dem Programm stehen, hat auch die Öffentlichkeit Zutritt. Im Ortsteil Altenmarkt gibt es mit Insider Tipp *Auers Schloßkeller (Di–Sa mittags, So abends und Mo geschl., €€)* eine charmante Adresse, auch für vegetarische Köstlichkeiten.

**Samerberg** [110 B4]
Zu den wenigen Vorbergen im Chiemgau gehört der der Hochries (1563 m) vorgelagerte Samerberg (20 km von Rosenheim), mit dem zum Leidwesen seiner Bewohner viele immer nur die gleichnamige Autobahnraststätte assoziieren. Dabei birgt das ausgedehnte Hochtal landschaftliche Schönheit von größtem Reiz. Still ist es, bäuerlich, ohne jede Hektik und oft herrlich verträumt. Zur Gemeinde Samerberg gehören vier Dörfer: *Roßholzen, Steinkirchen, Grainbach* und der besonders malerische Hauptort *Törwang* – doch sind auch die anderen recht ursprünglich geblieben. Sehenswert ist die spätromanische Kirche *St. Ägidius und Nikolaus* am Ortsrand von Törwang. Hervorragend essen (und preiswert übernachten) kann man – der Name deutet es schon an – im Weiler Duft im Insider Tipp *Berggasthof Duftbräu (tgl., 16 Zi., Tel. 08032/82 26, €€)*. Im Sommer wird montags bei Musik gegrillt; Feines aus der eigenen Metzgerei und selbst gemachte Marmeladen gibt's auch zum Mitnehmen. *Auskunft: Verkehrsamt Samerberg, Dorfplatz 2, Tel. 08032/86 06, Fax 88 87, www.samerberg.de*

# WASSERBURG

**Karte in der hinteren Umschlagklappe**
[106 B4–5] Der »Geliebten des Inn« nähert man sich am besten von Osten. Dort bricht das bewaldete Inn-

*Einmalig gelegen: Wasserburg, vom Inn fast völlig umflossen*

hochufer tief nach unten ab und erlaubt – idealerweise von der auf dem Kellerberg gelegenen »Schönen Aussicht« aus – einen unvergesslichen Blick auf Wasserburg (11 000 Ew.): Von den grünen Fluten des Inns in einer engen Schleife fest umschlossen, liegt das Städtchen auf einer halbinselartigen Landzunge. Gut kann man von hier oben erkennen, wie heimelig dicht sich die wunderbar erhaltenen Bürgerhäuser mit ihren Erkern, Laubengängen und hochgezogenen Giebeln aneinander drängen.

Wasserburg war einst Handels- und Kriegshafen (!) der nur 50 km entfernten Residenzstadt München und eine bedeutende Salzhandelsstadt. Heute wirkt die Stadt charmant-verschlafen. Das ändert sich nur in der ersten Freitagnacht im August, wenn in den Gassen der Altstadt bei Kerzen und Mondlicht der Insider Tipp *Nachtflohmarkt* abgehalten wird, der Nachtschwärmer aus ganz Oberbayern anzieht.

## SEHENSWERTES

### Altstadt Wasserburg

★ Man muss sich Zeit nehmen für einen Spaziergang durch die Straßen und Gassen der Altstadt, denn weniger als einzelne Hauptsehenswürdigkeiten ist es das Stadtbild in seiner Gesamtheit, das an Wasserburg gefällt. Von dem 1470 erbauten *Brucktor* aus, dem Tor an der Innbrücke (in der benachbarten *Heilig-Geist-Spitalkirche* kann man eine sehr gelungene Darstellung des Pfingstwunders bestaunen), gelangt man auf den lang gestreckten *Marienplatz.* Hier und in der parallel dazu verlaufenden *Herrengasse* hat sich die anheimelnde Inn-Salzach-Bauweise mit ihren Grabendächern und ihren ausgestellten Laubengängen besonders schön erhalten. *Schmiedzeile, Ledererzeile, Nagelschmied-* und *Bruckgasse* bergen ebenfalls schöne Ensembles. Wasserburgs ältestes Haus ist das *Irlbeckhaus* an der Schmiedzeile (erbaut

1497); aber auch am *Alten Mauthaus* (Ecke Bruckgasse/Marienplatz) mit seinem Renaissanceerker sollte man kurz innehalten. Das Tourismusbüro bietet *Führungen (Tel. 08071/105 22, ab 6 Euro)* an – eine mittelalterliche, eine klassische sowie eine Insider Tipp Führung durch die Bierkatakomben, die 200 Jahre alten, in das rechte Innufer gegrabenen Kellergewölbe.

**Kernhaus**

Eine prächtigere Rokokofassade als die des Wasserburger Kernhauses dürfte in ganz Oberbayern nur schwer zu finden sein: Breite Laubengänge, vier zweigeschossige Erker, reiche Stuckatur und Freskenmalerei lassen das Patrizierhaus eher wie einen fürstlichen Palast aussehen. Der für die Fassade verantwortliche Künstler ist der Wessobrunner Johann Baptist Zimmermann, der auch die Deckenfresken in der weltberühmten Wieskirche schuf. In Wasserburg fasste er mit der Kern-Fassade 1738 zwei eigentlich voneinander unabhängige Häuser zusammen. Die Kerns waren eine alte Wasserburger Familie, die der Salzhandel reich, aber nicht herzlos gemacht hatte: Notleidenden Mitbürgern gegenüber erwies sie sich stets als so hilfsbereit, dass sie um das Jahr 1600 von Kaiser Rudolf II. in den Freiherrenstand erhoben wurde. *Marienplatz 9*

**Rathaus**

Das schräg gegenüber dem Kernhaus gelegene Rathaus mit seinen schönen Stufengiebeln wurde Mitte des 15. Jhs. im spätgotischen Stil errichtet. An der inneren Aufteilung des Gebäudes lassen sich auch heute noch die verschiedenen Funktionen des Rathauses in früherer Zeit ablesen: Im ehemaligen Brothaus verkauften bis ins 20. Jh. hinein alle Wasserburger Bäcker ihre Erzeugnisse; es gab eine Kornschranne (heute Eingangshalle) und natürlich die Ratsstube, auch »roter Rathaussaal« genannt, die mit ihren allegorischen Wandmalereien zu den wichtigen Sehenswürdigkeiten Wasserburgs gehört. *Führungen Di bis Fr 10, 11, 14, 15 und 16, Sa/So 10 und 11 Uhr, Eintritt 2,50 Euro, Marienplatz 1*

**Stadtpfarrkirche St. Jakob**

Wuchtig und fast abweisend steht sie zwischen Marienplatz und Burg, die Wasserburger Stadtpfarrkirche, die um 1430 herum in großen Teilen der Burghausener Baumeister Hans Stethaimer errichtet hat. Schon zehn Jahre später wurde umgebaut. Ursprünglich glänzte das Gotteshaus durch seine üppige Barockausstattung, die jedoch im 19. Jh. bis auf eine wunderschön gedrechselte Eichenholzkanzel entfernt wurde. An der Choraußenseite kann man einen riesigen gemalten »Lebensbaum« aus dem 15. Jh. bewundern. *Kirchhofplatz*

## MUSEEN

**Erstes imaginäres Museum**

In den Räumen des ehemaligen städtischen Spitalgebäudes (erbaut 1341) kann man sich einbilden, über 500 Meisterwerken von Malern aus neun Jahrhunderten gegenüberzustehen. In Wirklichkeit sind es nur meisterhafte Repliken. Pop-Art, Naive und zeitgenössische Kunst werden ebenfalls ausgestellt. *Mai–Sept. Di–So 13–17 Uhr, Okt. bis April Di–So 13–16 Uhr, Eintritt 2,50 Euro, Bruckgasse 2*

**Städtisches Museum**
Stilvoll in einem schönen spätgotischen Bürgerhaus untergebracht, verschafft das Heimatmuseum einen umfassenden Überblick über die Wasserburger Stadtkultur der Vergangenheit – vom Strafvollzug über die Lebzelterei, von der Textilherstellung bis hin zu sakralen Plastiken. *Mai–Sept. Di–So 13–17 Uhr, Okt.–April Di–So 13–16 Uhr, Eintritt 2,50 Euro, Herrengasse 13*

## ESSEN & TRINKEN

Insider Tipp **Fischerstüberl**
Ein wenig außerhalb, in Attel (knapp 10 km entfernt), gelegen, aber mit sehr lobenswerter Fischküche und hausgemachten Nudeln. Übernachten kann man ebenfalls. *Di geschl., 10 Zi., Elend 1, Tel. 08071/25 98,* **€€**

**Herrenhaus**
Gehobene bürgerliche Küche in den denkmalgeschützten Räumen des spätgotischen Schneiderhauses. Ein Ort mit Tradition! Bier wird hier seit dem 15. Jh. ausgeschenkt. *Mo–Sa mittags geschl., Herrengasse 17, Tel. 08071/28 00,* **€€**

**Stechl-Keller**
Wasserburgs In-Treff. Man trifft sich zu kleinen, feinen Speisen im Bistrostil, zum Kaffee, zum Bier, zum Ratschen. Geöffnet tgl. von 8 bis 1 Uhr, Barbetrieb Do–So 20 bis 1 Uhr und gelegentlich Tanz in der Kellergruft. *Marienplatz 6, Tel. 08071/92 51 59*

## EINKAUFEN

In Wasserburg gibt es eine ganze Reihe schöner Antiquitätengeschäfte, in denen sich das Stöbern lohnt, wie in der *Wasserburger Trödelei (Schmidzeile 2)* oder bei *Antiquitäten Göttler (Marienplatz 7)*, wo man viel Bayerisch-Bürgerliches findet. Etwas Besonderes sind auch die kleinen *Wachszieher-Läden.*

## ÜBERNACHTEN

**Fletzinger**
Das traditionsreiche, gediegene Haus bietet innen sehr viel mehr, als man von außen glauben könnte. Auch ein hübscher Biergarten gehört dazu. *40 Zi., Fletzingergasse 1, Tel. 08071/908 90, Fax 908 91 77, www.hotel-fletzinger.de,* **€**

## FREIZEIT & SPORT

**Badria**
Feuchtfröhliche Zerstreuung im weit über Wasserburg hinaus bekannten Spaßbad und Freizeitzentrum. *Alkorstr. 14, Tel. 08071/81 33, www.badria.de, tgl. 9–21 Uhr, Eintritt ab 4,90 Euro*

## AUSKUNFT

**Städtisches Verkehrsbüro**
*Im Rathaus, Marienplatz 2, Tel. 08071/105 22, Fax 105 21, www.wasserburg.de*

## ZIELE IN DER UMGEBUNG

**Amerang** [106 C6]
Ein gemütliches Chiemgauer Dorf mit 2500 Ew., etwa auf halber Strecke zwischen Wasserburg (12 km) und dem Chiemsee gelegen und voller Attraktionen. Da ist vor allem das *Renaissanceschloss* oberhalb des Ortes mit seinem bezaubernden, dreistöckigen Arkadenhof, in

dem an Sommerabenden Konzerte mit klassischer Musik stattfinden. Außerdem sehenswert sind der Rittersaal mit schönen Fresken und die spätgotische Schlosskapelle St. Georg mit einem Rippengewölbe aus dem Jahr 1513.

Danach sollte man unbedingt dem Ameranger *Bauernhausmuseum (Mitte März–Anfang Nov. Di–So 9–18 Uhr, Eintritt 3 Euro, www.bhm-amerang.de)* einen Besuch abstatten: Auf 4 ha wurden für Ostoberbayern typische Bauernhäuser unterschiedlicher Bauart (u. a. Vierseithof, Zweifirsthof) wieder aufgebaut, darunter der Holzmannhof aus Gessenhausen von 1576, eines der ältesten Bauernhäuser Altbayerns. Interessant und schön. *www.amerang.de*

*Ameranger Bauernhausmuseum*

**Au am Inn** **[106 C2–3]**

Malerisch in den Innauen steht an der Stelle des abgebrannten Augustinerchorherrenstifts von 1120 die spätbarocke Klosteranlage Au (22 km von Wasserburg), die 1717 nach Plänen des Münchner Hofbaumeisters Enrico Zuccalli fertig gestellt wurde. Sehenswert sind Stuck und Fresken in der Bibliothek. Auch die Kanzel in der *Klosterkirche St. Maria* lohnt einen Blick. Eine Brotzeit unten im Ort bekommt man am besten im alten, gemütlichen *Klosterbräustüberl (tgl., Tel. 08073/12 09, €).*

**Rott am Inn** **[106 A–B6]**

Auch Polittouristen pilgern gelegentlich in das 9 km südlich von Wasserburg gelegene Rott (3000 Ew.): Hier ruht in der Familiengruft »Kaiser« der 1988 verstorbene bayerische Ministerpräsident Franz Josef Strauß nebst Gemahlin. Die eigentlichen Sehenswürdigkeiten aber sind die alte *Benediktinerabtei*, jahrhundertelang ein geistiger und kultureller Mittelpunkt Altbaierns, und die prachtvolle ★ *Klosterkirche Rott am Inn*, die Rokokokirche St. Marinus und Anianus, das letzte und wohl vollendetste Werk des großen Baumeisters Johann Michael Fischer, ein europäisches Gesamtkunstwerk von Rang. Was sich das Gotteshaus von außen kaum anmerken lässt. Im Innenraum aber überbieten sich die künstlerischen Sensationen: Wessobrunner Stuckatur von Franz Xaver Feichtmayr und Jakob Rauch, Altarfiguren von Ignaz Günther, das Deckenfresko von dem Augsburger Matthäus Günther – ein überwältigendes Kirchenerlebnis! *www.rottin.net*

# Lauter gute alte Bekannte

## Vom Königssee über Ramsau bis zum Watzmann – hier drängt sich touristische Prominenz

Vor dieser Kulisse geht jeder in die Knie. Der Watzmann über Berchtesgaden: Zackig ragt es gen Himmel, das gewaltigste Gebirgsmassiv der deutschen Alpen, der Herrscher über den Königssee. Der Watzmann ist das Wahrzeichen des Berchtesgadener Landes, dessen ursprünglicher, klarer und kraftvoller Schönheit sich kaum ein Fremder entziehen kann. Das war nicht immer so: Der Talkessel von Berchtesgaden, wie von Riesenhand hineingeschnitten in die nördlichen Kalkalpen und umrahmt von neun imposanten Gebirgsstöcken, war lange Zeit ein eher unwirtliches Fleckchen Erde. Augustinermönche aus Rottenbuch, die im 12. Jh. anreisten, um ein Kloster zu gründen, notierten frustriert: »... ein schrecklicher Urwald, starrend vor ewigem Frost und Schnee, eine Einöde«. Doch dann spuckten die Mönche in die Hände und errichteten das Chorherrenstift Berchtesgaden, das es der reichen Salzvorkommen wegen zu solchem Ruhm und Wohlstand brachte, dass die deutschen Kaiser das »Landl« zur reichsunmittelbaren Fürstpropstei ernannten.

*Eine Kapelle von Weltruf – St. Bartholomä am Königssee*

*»Königliches« Bergerlebnis: Panoramablick vom Jenner*

## BERCHTESGADEN

**Karte in der hinteren Umschlagklappe**

**[115 E2–3]** Der heilklimatische Kurort (8700 Ew.) liegt zu Füßen eindrucksvoller Gipfel, angefangen vom sagenumwobenen Watzmann (2713 m) und vom benachbarten Hochkalter (2607 m), über den der einzige deutsche Gletscher fließt, der Blaueisgletscher, über den Untersberg (1973 m) bis hin zum Jenner (1874 m) und zum Steinernen Meer (im Selbhorn, 2655 m). Weil es in und um Berchtesgaden so schön ist, stauen sich im Sommer Tausende von Autos und Bussen im Ort. Idyllischer ist ein Besuch im Herbst oder im Frühjahr.

*Der historische Marktplatz Berchtesgadens mit dem Löwenbrunnen*

## SEHENSWERTES

Der Marktplatz mit seinem Löwenbrunnen, dem (auf der Rückseite mit lustigen Fresken versehenen) Hirschenhaus und den Arkaden gibt ein typisches Bild einer alten südbayerischen Marktgemeinde ab.

### Schloss

Das Klosterstift der Fürstpröpste wurde nach der Säkularisation zum weltlichen Schloss und gehört seitdem den Wittelsbachern. Einen Besuch lohnt das frühgotische Dormitorium mit seiner Sammlung spätmittelalterlicher Skulpturen, z. B. von Veit Stoß und Lucas Cranach. *Pfingsten bis 15. Okt. So–Fr 10–13 und 14–17 Uhr, sonst nur Mo–Fr um 11 und 14 Uhr Einlass, Führung 7 Euro, Schlossplatz*

### Stiftskirche

1108 begannen die Rottenbucher Mönche mit dem Bau der Stiftskirche St. Peter und Johannes. Von der romanischen Basilika sind noch die Fundamente erhalten; Hochchor und Langhaus sind gotisch. Sehenswert im Inneren sind eine frühbarocke Madonna und die marmornen Propstgrabmäler. *Schlossplatz*

## MUSEEN

### Dokumentation Obersalzberg

Insider Tipp

Die NS-Propaganda nutzte Hitlers Feriendomizil Obersalzberg zur Inszenierung einer heilen Welt, die mit der Realität des Dritten Reiches nichts zu tun hatte. Die Multimedia-Ausstellung dagegen zeigt, wie sich der Nationalsozialismus tatsächlich auf das Leben der Menschen auswirkte – ein bislang einzigartiges Projekt. *April–Okt. Di–So 9–17 Uhr, Nov.–März 10–15 Uhr, Eintritt 2,50 Euro, Salzbergstr. 41, www.obersalzberg.de*

### Heimatmuseum

Hier ist ausgestellt, womit sich die örtlichen Bergbauern jahrhundertelang über Wasser hielten: »Berchtesgadener Waar« genannte, kunstvolle Holzschnitzereien im Miniaturformat. Ebenfalls interessant sind die Sammlungen von Möbeln und bäuerlichem Gerät. *Führungen Dez. bis Okt. Di–So 10–16 Uhr, Eintritt 2,50 Euro, im Schloss Adelsheim, Schroffenbergallee 6*

## ESSEN & TRINKEN

**Bräustübl im Hofbrauhaus**
Eine bayerische Wirtschaft, wie sie sein soll: mit guter, nicht überkandidelter Küche, mit schön eingerichteten Wirtsstuben und Bier aus der eigenen Brauerei. *Tgl., Brauhausstr. 13, Tel. 08652/97 67 24,* €

**Hubertusstuben**
Bürgerlich mit Anspruch – wie es dem Speiselokal des Hotels *Vier Jahreszeiten* angemessen ist. *Tgl., Maximilianstr. 20, Tel. 08652/95 20,* €€

## EINKAUFEN

**Enzianbrennerei Grassl**
Betriebsbesichtigung und »Probetropfen« der 1602 gegründeten Brennerei sind umsonst, aber der Enzianwurzelschnaps ist so aromatisch, dass man ruhig ein Fläschchen kaufen darf. *Salzburger Str. 105*

**Franz Pfnür** Insider Tipp
In der Pfnürschen Werkstatt finden Sie das ideale Mitbringsel für Freunde, die schon alles haben: handgemachte Böller, wie sie die Berchtesgadener Schützen verwenden, wenn sie in der Weihnachtszeit »das Christkind anschießen«. Bis zu 1300 Euro kann man für so einen Kracher ausgeben. *Gerner Str. 12*

## ÜBERNACHTEN

**Biologisches Kurhotel** Insider Tipp
Wie schön, dass Christl und Gabi Kurz ihre köstliche Vollwertküche

### MARCO POLO Highlights »Berchtesgadener Land«

★ **Jenner**
Aussichtsberg mit Blick auf (und Zugang in) den schönen Berchtesgadener Nationalpark (Seite 66)

★ **Königssee**
Dramatisch gibt sich hier die Natur (Seite 67)

★ **Maria Gern**
Bäuerliche Wallfahrt in herrlicher Lage, die die bayerische Frömmigkeit bestens illustriert (Seite 67)

★ **Hintersee**
Unter der Woche ist dieser abgelegene Winkel besonders idyllisch (Seite 69)

★ **Münster St. Zeno**
Für ihr prachtvolles Portal gerühmte romanische Kirche in Bad Reichenhall – die größte in Bayern (Seite 70)

★ **Höglwörth**
Harmonischer Dreiklang aus Barock, Badesee und Brotzeitstüberl (Seite 72)

auch als Kurs anbieten! Sonst im Programm: Hatha-Yoga, Naturkosmetik, Massagen, Konzertbesuche in Salzburg und vieles mehr. Hotel mit herrlichem Park. *15 Zi., Bischofswiesen, Schulstr. 1, Tel. 08652/98 00, Fax 98 02 22, www.biohotel-kurz.de, €€€*

**Hotel Krone**

Ruhig gelegenes, gemütliches Haus mit hübsch eingerichteten Zimmern. *Nov./Dez. geschl., 20 Zi., Am Rad 5 1/3, Tel. 08652/946 00, Fax 94 60 10, www.hotel-krone-berchtesgaden.de, €€*

## FREIZEIT & SPORT

Berchtesgadens Umgebung bietet vielfältige Möglichkeiten zum Bergsteigen, Wandern, Skifahren (am besten auf dem Jenner) und Radeln. Außerdem gibt es auf dem Obersalzberg den mit 1000 m höchstgelegenen Golfplatz Deutschlands *(Salzbergstr. 33, Tel. 08652/21 00, Mai–Okt. tgl. 8–18 Uhr).*

**Heilstollen**

Eine zweistündige Liegekur in der salzreichen, pollenarmen, feuchten und kühlen Luft des unterirdischen Salzstollens hilft bei Atemwegsproblemen und führt zu großer Entspannung. Man liegt in völliger Stille warm zugedeckt an einem Solebecken mit Springbrunnen – herrlich! *Bergwerkstr. 85 a, Tel. 08562/97 95 35, www.heilstollenbgl.de, 25 Euro*

**Outdoor Club Berchtesgaden**

Der Club veranstaltet Riverraftings, Mountainbiketouren, Skisafaris und ähnlich prickelnde Unternehmungen für Leute mit Abenteurerblut. *Gmundberg 7, Tel. 08652/977 60, www.outdoor-club.de*

**Watzmann-Therme**

Eine lohnende Alternative für Schlechtwettertage: 900 $m^2$ Wasserfläche, aufgeteilt auf verschiedene Becken, Strömungskanäle und Solewannen. Natürlich fehlen weder die Riesenrutsche noch Sauna, Solarium, Dampfbad und Massagen. *Bergwerkstr. 54, Tel. 08652/946 40, www.watzmanntherme.de, tgl. 10–22 Uhr, Eintritt ab 8 Euro*

## AUSKUNFT

**Kurdirektion Berchtesgadener Land**

Auch zuständig für Ramsau, Bischofswiesen, Schönau und Marktschellenberg. *Königsseerstr. 2, Tel. 08652/96 70, Fax 96 74 00, www.berchtesgadener-land.com*

## ZIELE IN DER UMGEBUNG

**Jenner** **[115 E3–4]**

★ Ob Sommer, ob Winter – der Jenner, Hausberg des 5 km entfernten Berchtesgaden, lohnt einen Besuch das ganze Jahr über. Man muss sich noch nicht einmal plagen, um seinen 1874 m hohen Gipfel zu erreichen – dafür fährt ja die Jennerbahn hinauf! Die Aussicht ist von der Bergstation am lohnendsten und bietet tiefe Einblicke in den Nationalpark Berchtesgaden. Von der Bergbahn-Mittelstation aus führt ein Wanderweg durch den Nationalpark in knapp 4 Std. zur *Gotzenalm,* von der es heißt, sie sei die schönste Alm des Landes. Zur Winterzeit ist der Jenner die Skiattraktion Nr. 1 im Landl. Dies gilt vor allem für die so schmale wie abschüssige *Spinnergrabenpiste,* auf die sich nur Könner wagen sollten.

**Kehlsteinhaus** **[115 E3]**

Von der NS-Bastion, die dereinst auf dem Obersalzberg thronte, ist heute zum Glück nicht mehr viel zu sehen. Zu den wenigen Relikten gehört das Kehlsteinhaus auf 1834 m (11 km von Berchtesgaden), das in eine kulturelle Stiftung umgewandelt wurde und einen prächtigen Panoramablick zu bieten hat, der bis nach Salzburg reicht. Man gelangt dorthin von Hintereck aus in lizenzierten Bussen (Fahrpreis 3,70 Euro), die über die kühn angelegte, private Kehlsteinstraße auf 1700 m fahren. Die letzten Höhenmeter legt man zunächst zu Fuß durch einen 130 m langen Tunnel und schließlich in einem in den Fels gehauenen, messingverkleideten Aufzug zurück.

*Gipfelglück auf dem Jenner*

**Königssee** **[115 D–E 3–4]**

★ Er ist und bleibt der schönste Gebirgssee der Alpen (5 km von Berchtesgaden). Vielfältig sind seine Reize: Fast wie ein norwegischer Fjord schmiegt sich der Königssee schmal und über eine Länge von fast 8 km in die Gebirgslandschaft. Sein Wasser ist sauber, still und von geheimnisvollem Grün. In ihm spiegelt sich die abweisende Watzmann-Ostwand, mit 2000 m Höhe die größte Felswand der Ostalpen. Das Szenario erschließt sich mit am schönsten bei einer Fahrt auf den umweltfreundlichen Elektrobooten, die am Malerwinkel, am wild rauschenden Königsbachfall und an der berühmten Echowand vorbei (wird mit einem Flügelhorn getestet) bis nach *Salet* gleiten. Von dort kann man in einer Viertelstunde an den etwas höher gelegenen Obersee wandern. Die meisten Gäste aber steigen schon in *St. Bartholomä* aus, wo die viel fotografierte Zwiebelturmkirche steht und Familie Amort in ihrem Stüberl frisch geräucherte Fische serviert *(tgl. April bis Okt., Tel. 08652/349, €).* Köstlich sind die Schwarzreiter genannten kleinen Saiblinge, die es nur im Herbst gibt. *Auskunft: Bayerische Schifffahrt Königssee, Schönau, Tel. 08652/96 36 18*

Insider Tipp

**Maria Gern** **[115 E2]**

★ Eine der heitersten Erscheinungen im Berchtesgadener Land ist die barocke Wallfahrtskirche Maria Gern (7 km von Berchtesgaden), die Anfang des 18. Jhs. unter kurkölnischer Administration entstand. Man erreicht sie in nur 45-minütiger Wanderung vom Berchtesgadener Ortskern aus. Mit der Kneifelspitze als alpinem Hintergrund, neben der alten Schule und dem Wirtshaus gelegen, weckt das bäuerlich-barocke Gotteshaus mit seinen vielen Votivtafeln Sehnsüchte nach der guten alten Zeit.

**Marktschellenberg** **[115 E1]**
Auch diese kleine Marktgemeinde (10 km von Berchtesgaden) entstand um eine – inzwischen aufgelassene – Saline herum. Der Ferienort liegt zu Füßen des geheimnisvollen Untersberges. Nicht minder sagenumwoben ist die berühmte *Schellenberger Eishöhle (geöffnet von Juni, nach der Schneeschmelze, bis etwa Okt. 10–17 Uhr, Eintritt 5 Euro)* die auf über 1500 m unterhalb des Salzburger Hochthrons liegt: Nach zweistündigem Aufstieg geht es, vorbei an vier zu blankem Eis erstarrten Wasserfällen, hinein in den einzigartigen »Eispalast«.

Etwas ganz Besonderes ist die am Eingang zur Almbachklamm gelegene *Kugelmühle:* Schon seit dem 17. Jh. werden hier im rauschenden Wasser Marmorkugeln geschliffen, die auch verkauft werden – ein originelles Mitbringsel! In dem gleichnamigen Gasthaus nebenan kann man gemütlich Kaffee trinken *(Kugelmühlweg 18, €). www.marktschellenberg.de*

**Nationalpark Berchtesgaden** **[114–115 B–E 3–5]**
Die Natur sich selbst überlassen – das ist die Idee, die hinter dem Nationalpark Berchtesgaden (6 km von Berchtesgaden) steht. Die Natur schützen, indem man eine Kulturlandschaft sich wieder zur Wildnis zurückentwickeln lässt. Seit 1978 ist das 210 km$^2$ große Gebiet, das den Süden des Berchtesgadener Landes mit Watzmann, Königssee, Hochkalter, Steinernem Meer und Göllgruppe umfasst, ein Nationalpark, und zwar der größte Deutschlands. Doch der Mensch, sofern er sich in friedlicher Absicht nähert, soll nicht ausgesperrt werden: 190 km Wanderwege und acht Hütten laden zu herrlichen Touren durch eine nahezu unberührte Gebirgslandschaft ein. *Nationalparkhaus Berchtesgaden, Franziskanerplatz 7, Tel. 08652/643 43, Infostelle Königssee, Alter Bahnhof, Tel. 08652/622 22, www.nationalpark-berchtesgaden.de*

**Ramsau und Hintersee** **[114–115 C–D3]**
Berühmt und wunderschön: die barocke *Pfarrkirche St. Fabian und Sebastian* von Ramsau (8 km von Berchtesgaden), deren Kreuzrippengewölbe aus dem frühen 16. Jh. stammt. Klettermaxe wird ein Besuch des nahen Bergfriedhofes nachdenklich stimmen, dessen Grabsteine von tragischen Bergschicksalen sprechen. Insider Tipp Etwas weiter oben am Hang, in bezaubernder Lage, steht die Wallfahrtskirche *St. Maria von Kunterweg*. Ramsau ist Ausgangspunkt eines *Soleleitungsweges*, auf dem man, gelegentlich parallel zu den alten Solerohren, herrliche Aussichten auf Watzmann, Hochkalter und Reiteralpe genießt. Wer sich zuvor noch stärken möchte: Der *Oberwirt (Mo geschl., 26 Zi., Im Tal 86, Tel. 08657/225, €–€€)* ist eine solide Einkehrstätte.

Eine wunderbar romantische Wanderung führt von Ramsau durch

*Von Ramsau durch den Zauberwald zum malerisch gelegenen Hintersee*

den *Zauberwald* zum malerischen ★ Hintersee (8 km von Berchtesgaden), einer Art Idealbild des romantischen Bergsees, in dem sich sehr ansprechend die Hochfläche der Reiteralpe spiegelt. Die Maler, die deshalb um 1900 herum viel am Hintersee verkehrten, trafen sich im *Gasthof Auzinger (Do geschl., Hintersee, Hirschbichlstr. 8, Tel. 08657/ 230, €)*, der auch heute noch ein guter Tipp ist. *www.ramsau.de*

## Bad Reichenhall

**Karte in der hinteren Umschlagklappe**

**[113 D4]** Salz bestimmte seit keltischen Zeiten das Schicksal Reichenhalls, der »Reichen an Salz«. Heute aber lässt sich die kreisfreie Stadt Bad Reichenhall (18 000 Ew.) nicht ungern auch als »Bayerisches Meran« titulieren. Und tatsächlich herrscht in dem Bayerischen Staatsbad ein mildes Reizklima, finden sich eine beinahe schon mediterrane Palmenvegetation und zumindest noch ein Anklang an das mondäne Bäderleben, wie es sich hier zu Gründerzeiten abspielte.

Das Ortsbild von Bad Reichenhall ist geprägt von zahlreichen Kureinrichtungen wie Kur- und Kurmittelhaus, Kurgarten, Trinkhalle, Gradierwerk, Spielkasino und der unvermeidlichen Fußgängerzone für den Einkaufsbummel, die sich hier und da sogar recht elegant gibt. Eine Kur in Bad Reichenhall ist angezeigt bei rheumatischen, Atemwegs-, Kreislauf- und Durchblutungskrankheiten; seine Lage im Talkessel der Saalach und die Nähe zu den Chiemgauer und Berchtes-

*Tief einatmen heißt es am Solespringbrunnen von Bad Reichenhall*

gadener Alpen machen das Heilbad aber auch für gesunde Besucher interessant.

## SEHENSWERTES

Seit dem großen Brand 1834 ist von der alten, typischen Inn-Salzach-Architektur nicht mehr viel zu sehen. Doch ein Bummel lohnt sich. Im Stadtzentrum zwischen *Sebastianiviertel* und *Karlspark* gibt es viele schöne Gründerzeitbauten zu entdecken. Der *Florianiplatz* wirkt mit seinen wuchtigen, giebelständigen Häusern alpenländischer als in der Inn-Salzach-Gegend eigentlich üblich. Dieses Viertel ist das älteste der Stadt; die *Burg Gruttenstein* mit ihren malerischen Türmchen und Erkern stammt gar aus dem 13. Jh. An der Salinenstraße passiert man die *Alte Saline,* ein 1851 im Rundbogenstil fertig gestelltes Backsteingebäude und sehenswertes Industriedenkmal.

### Münster St. Zeno

★ Bayerns größte romanische Kirche misst 90 m in der Länge, 30 m in der Breite und ist 16 m hoch, sodass beinahe schon die Ausmaße des alten Salzburger Domes erreicht sind. Von großer Pracht ist das reich gestufte Westportal mit den hll. Zeno und Rupert. Der Innenraum der ehemaligen Augustinerchorherren-Stiftskirche ist zum Leidwesen vieler Puristen gotisiert worden. Im Kloster nebenan kann man den romanischen Kreuzgang (Insider Tipp) besuchen. Sehenswert sind darin das Wandrelief von Kaiser Barbarossa, einem großen Gönner des Stifts, und die Bandornamente an den Säulen. *Salzburger Straße, Führungstermine beim Pfarramt, Tel. 08651/71 42 90*

### Pfarrkirche St. Nikolaus

Obwohl ihr moderner Westturm ein weitaus geringeres Alter vermuten lässt, wurde das romanische

Gotteshaus bereits 1181 erbaut. Die Kreuzwegstationen in Medaillonform schuf im 19. Jh. Moritz von Schwind, desgleichen das Fresko in der Apsis. *Poststraße*

## MUSEEN

**Alte Saline mit Quellenhaus**

Historische Salzgewinnungsanlage, die als Museum dient. Zu sehen gibt es u. a. die gigantischen Solepumpen und die marmorverkleideten Quellstollen sowie Quellfassungen von Erasmus Grasser, der für seine Bildhauerkünste (Münchner Moriskentänzer) bekannt ist. Filmvorführungen informieren über die Salzgewinnung einst und heute. *Mai–Okt. tgl. 10–11.30 und 14–16 Uhr, Nov.–April Di–Fr 14–16 Uhr, Eintritt 5,50 Euro, Salinenstraße*

**Städtisches Heimatmuseum**

In einem ehemaligen Getreidestadel legt die Stadt Reichenhall reiches Zeugnis von ihrer Vergangenheit ab: von Bronzezeitfunden über sakrale Kunst bis hin zu Handwerk, Möbeln und einer Original-Almhütte aus dem 17. Jh. *Mai–Okt. Di–Fr und So 14–18 Uhr, Eintritt 1,50 Euro, Getreidegasse 4*

## ESSEN & TRINKEN

**Caféhaus Reber**

Kurgäste versündigen sich an der unglaublichen Tortenvielfalt und lassen sich nachher als Wegzehrung noch ein Tütchen von dem köstlichen Florentinerbruch einpacken. *So geschl., Ludwigstr. 10*

Insider Tipp

**Luisenbad**

Feine Regionalküche wird im Restaurant des gleichnamigen Hotels serviert. *Tgl., Ludwigstr. 33, Tel. 08651/60 40, €€€*

## ÜBERNACHTEN

**Axelmannstein**

Hier gibt sich Reichenhall am mondänsten: Das Luxushotel, das heute zur Steigenberger-Kette gehört, wurde 1846 als erste Kuranstalt im Ort eröffnet. Seine Pracht beeindruckt immer noch, nicht minder der herrliche Park. *151 Zi., Salzburger Str. 2–6, Tel. 08651/77 70, Fax 59 32, www.bad-reichenhall.steigenberger.de, €€€*

**Hofwirt**

Ein denkmalgeschützter Renaissancebau, der mit viel Feingefühl renoviert wurde. Gemütliche Zimmer, gute bayerische Küche (Mi geschl.) und ein wunderschöner Biergarten. *26 Zi., Salzburger Str. 21, Tel. 08651/983 80, Fax 98 38 36, www.hofwirt.de, €€*

## FREIZEIT & SPORT

Für sportliche Abwechslung ist in Bad Reichenhall gesorgt: Riverrafting auf der Saalach, Klettern auf der »Steinernen Agnes«, Baden im Thumsee oder im geheizten Freibad von Marzoll *(Tel. 08651/47 00, Mitte Mai–Anfang Sept.)*.

**Hochseilgarten**

Insider Tipp

Balancieren auf Seilen und Stahlkabeln, die in bis zu 15 m Höhe über dem Boden zwischen Bäumen gespannt sind? Der Trend kommt aus den USA und stärkt weniger den Körper als die Persönlichkeit. Heiße Sache! *Am Gasthaus Baumgarten, Baumgarten 1, Tel. 08651/40 09, nur nach Voranmeldung*

**Rupertus-Therme**
Bad Reichenhall hat jetzt dieses »Spa & Fitness Resort« mit Solegrotte, Saunagarten, Massagen und vielem mehr. *Friedrich-Ebert-Allee 13, Tel. 01805/60 67 06, www.rupertustherme.de, Mo–Sa 9–22, So 9 bis 20 Uhr, Eintritt ab 9 Euro*

## AM ABEND

**Philharmonisches Orchester**
»Staatliches Kurorchester« mit Ambitionen. Zusätzlich zu den Kurkonzerten gibt es abends auch Sinfoniekonzerte. *Theater im Kurgastzentrum, Wittelsbacherstr. 15–17, Tel. 08651/60 61 51*

## AUSKUNFT

**Kur- und Verkehrsverein**
*Wittelsbacherstr. 15–17, Tel. 08651/60 63 03, Fax 60 63 11, www.bad-reichenhall.de*

## ZIELE IN DER UMGEBUNG

**Anger** **[113 D3]**
Anger (14 km von Bad Reichenhall) ist nur ein kleines Dorf mit 1500 Ew., das außerhalb der Region kaum einer kennt. Dennoch kann es mit einem Superlativ aufwarten: Es ist »Bayerns schönstes Dorf«! Gesagt hat das kein Geringerer als Bayernkönig Ludwig I. Auch wenn das Kompliment schon aus dem Jahr 1841 stammt, ist Anger auch heute noch etwas Besonderes: Neben seiner reizvollen Hügellage besitzt es einen für Oberbayern ungewöhnlich weiten, grünen Dorfplatz, der immer auch als Weide diente – einen echten Anger eben. 2 km weiter nördlich, an den Gestaden des Höglwörther Sees, lohnt das ehemalige, 1817 aufgehobene Augustinerchorherrenstift ★ *Höglwörth* einen Besuch. Nicht nur die Lage ist zauberhaft, auch die barocke, im Kern spätmittelalterliche Stiftskirche mit feinem Rocaillestuck verdient Bewunderung. Die burgähnlichen Klostergebäude wurden in Salzburger Bauweise errichtet. Im Höglwörther See kann man auch schön baden. *www.anger.de*

**Predigtstuhl** **[113 D5]**
Ein imposanter Gipfel ist er mit seinen 1613 m zwar nicht, aber ein

## Schicksalsberg

### Der Watzmann – schön und gefährlich

Sein Bann ist ungebrochen. Schon viele Bergsteiger wollten Deutschlands zweithöchsten Berg bezwingen, insbesondere die nahezu 2000 m steil aufragende Ostwand. Über 90 Wagemutige haben diesen Wunsch schon mit dem Leben bezahlt. Auch von unten ist der Berg beeindruckend: der Watzmann selbst im Westen, die niedrigere Watzmannfrau im Osten und dazwischen drei kleine Watzmannkinder. Die Watzmannfamilie soll einer Mär nach wirklich gelebt haben – bis sie zur Strafe für die Gottlosigkeit des Vaters in Stein verwandelt wurde.

*Stift Höglwörth: bezauberndes Kunst- und Landschaftserlebnis in einem*

Ausflugsberg mit schöner Aussicht: der Predigtstuhl, Bad Reichenhalls Hausberg (3 km von Reichenhall). Es führt eine altmodische Kabinenbahn (Baujahr 1928) hinauf; von oben aus kann man eine Reihe von Wanderungen unternehmen und im Winter mit den Skiern abfahren.

**Schneizlreuth** **[112 C5]**
Kurz vor der österreichischen Grenze, 10 km von Reichenhall, liegt das Feriendorf mit einem Namen, wie ihn sich auch der Dichter Ludwig Thoma nicht schöner hätte ausdenken können. Von hier aus empfiehlt sich ein Ausflug zum *Gletschergarten* bei Weißbach, einer von eiszeitlichen Gletschern vor 20 000 Jahren geprägten Schliffläche voller Gletscherschliffe (abgehobelte Felsen) und Riesentöpfe (Felsauswaschungen). Diese geologische Sehenswürdigkeit wurde erst beim Bau der Deutschen Alpenstraße entdeckt und dann freigelegt. Ein Spaziergang über den Treppenweg veranschaulicht auf beeindruckende Weise die Gewalt der urzeitlichen Eismassen. *www.schneizlreuth.de*

**Thumsee** **[112 C4]**
Vom 4 km entfernten Bad Reichenhall aus gelangt man auf der Thumseestraße zur Trasse der ersten Pipeline der Welt: 1619 fertig gestellt, leitete sie einen Teil der Reichenhaller Sole durch hölzerne Rohre bis nach Traunstein, wo – anders als im Berchtesgadener Land – genug Holz zum Sieden vorhanden war. Überreste dieses frühen Industriedenkmals, das für das 17. Jh. eine technische Sensation darstellte, sind auch heute noch zu sehen.

Nur ein paar Schritte weiter lädt der Thumsee zum Baden. Der wiederum fließt ab in einen Sumpfweiher, den *Seemöselteich*, der sich zur Seerosenzeit mit Tausenden von Blüten schmückt. Am Ufer des Thumsees werden auf der Terrasse von *Sebastians Seewirt (Do geschl., Tel. 08651/612 92, €€)* frischer Saibling und gewaltige Windbeutel serviert.

Insider Tipp

# Als wär's ein Stück von Österreich

## Entlang der Salzach ist die Salzburger Vergangenheit nicht zu übersehen

Rupertiwinkel – ein schöner Name für ein schönes Stück Land. Doch ganz so urbayerisch, wie er sich anhört, ist der Landstrich an der Salzach, der sich von Freilassing im Süden bis Tittmoning im Norden hinzieht, nicht. 1275 gaben ihn die bayerischen Wittelsbacher im Tausch gegen den Chiemgau an Salzburg, und erst nach dem Wiener Kongress 1816 kam er wieder an Bayern zurück. Die Geschichte des Rupertiwinkels aber bleibt in seinem Namen lebendig. Den nämlich hat das voralpenländische Idyll vom heiligen Rupertus, einem Wormser Missionar, der um das Jahr 700 im heutigen Salzburg einen Bischofssitz errichtete und seither als »Salzheiliger« verehrt wird. Man erkennt ihn meistens am Salzfass in der Hand.

Der Rupertiwinkel ist keine offizielle Bezeichnung für ein genau umrissenes Gebiet. Wer vom Rupertiwinkel spricht, meint die kleinen, stillen, salzburgisch inspirierten Städte an der Salzach, zu denen meist auch das schöne Burghausen gezählt wird, obwohl es in den fast 1000 Jahren seines Bestehens immer bayerisch gewesen ist. Gemeint ist das sanft gewellte Wald-, Wiesen- und Ackerland um den Waginger See, seine abgeschlossenen Drei- und Vierkanthöfe. Der Rupertiwinkel ist eine unaufdringliche, in sich ruhende Welt, an der der Fremdenverkehr in des Wortes eigentlicher Bedeutung zumeist vorbeifließt – auf der Salzburger Autobahn, die die Region nach Süden hin gegen das Berchtesgadener Land abgrenzt. Was dem Winkel nur zum Vorteil gereichte.

*Die Pfarrkirche Maria in Laufen mit sehenswerten Laubengängen*

### BURGHAUSEN

**[109 D2–3]** Kaum einer kommt an Burghausen (17 000 Ew.) vorbei, ohne für das, was sich seinem Auge da auftut, nach Bildern, Vergleichen oder doch wenigstens Worten zu ringen. Gern zitiert wird Adalbert Stifter. Angesichts der wunderbar erhaltenen Altstadt, über der sich auf einem Höhenrücken die 1034 m lange Burg erhebt, schrieb er, Burghausen sehe aus, als sei es »aus einem altdeutschen Gemälde herausgeschnitten und hierhergestellt worden«. Ein Besuch in Burghausen kann selbst eingefleischte Techno-Futuristen in verträumte

*Rhapsodie in Blau – Burghausens »Churbaierischer Regierungssitz«*

Nostalgiker verwandeln. Vorausgesetzt, sie nähern sich der Stadt von Süden aus, am besten auf der Tittmoninger Straße, was die direkte Einfahrt in die Altstadt ermöglicht. Burghausen ist eine zweigeteilte Stadt. Westlich des Burgberges, jenseits des Wöhrsees, erstreckt sich das neue Burghausen – zweckmäßig, modern und undramatisch.

## SEHENSWERTES

### Altstadt

Auch auf Burghausens bemerkenswertem und geschlossenem *Stadtplatz* dominiert die charakteristische Inn-Salzach-Bauweise, verstecken sich die typischen Grabendächer hinter den hochgezogenen Fassaden, kleben an den der Salzach zugewandten Häuserfronten oft mehrstöckige Holzgalerien. Eine augenfällige Schönheit ist das ehemalige *kurfürstliche Regierungsgebäude*, ein Traumpalais in Blau mit drei Giebeln und dem kurbayerischen Stuckwappen. In dem im Rokokostil geschmückten *Tauffkirchen-Palais* residiert heute das Amtsgericht. Vom Stadtplatz aus sollte man die Straße *In den Grüben* (Fußgängerzone) zur *Spitalvorstadt* hinauswandern; auch hier gibt es schöne Fassaden, malerische Laubengänge und viele stilvolle Geschäfte zu bewundern.

### Burghausener Burg

★ Mit ihren 1034 m Länge und sechs Höfen ist sie Europas ausgedehnteste Burganlage. Von der Altstadt aus führen Stiegen und Treppen hinauf, doch am besten erobert man sie von der Nordseite aus. Die Burg, erstmals erwähnt 1205, wurde zum Ende des 15. Jhs. vom Landshuter Herzog Georg dem Reichen zur heutigen Sechs-Burgen-Befestigung ausgebaut. Der Grund: Von drei Seiten galt die Burg als uneinnehmbar, nur von Norden konnte Gefahr drohen. Um also Feinden den Angriff so schwer wie nur möglich zu machen, wurden vor die bewohnte Hauptburg fünf »Vorburgen« gestellt, durch die sie sich erst hätten hindurchkämpfen müssen. Das müssen Besucher heute auch, doch da Gräben und Sperren nicht mehr existieren, wird die Wanderung leicht gemacht. Beeindruckend sind die mannigfaltigen Türme – ob der *Prechtlturm*, der sowohl Rainer Maria Rilke als auch (viel früher) den Burghauser Scharfrichter beherbergte, ob *Folterturm* (Museum) oder das *Aventinhaus*, ein vergrößerter Wehrturm, in dem 1510 der Aventin genannte bayerische Geschichtsschreiber Johannes Turmair lebte. Die Burg war wie eine kleine Stadt für sich: Hier waren Wohnungen für das Personal untergebracht, gab es Werkstätten, Getreidekammern und Ställe. Nur im innersten Burghof lebten die fürstlichen Hausherren selbst. Er ist umstanden von *Kemenaten- und Fürstenbau*, dem heizbaren *Dürnitzraum*, der frühgotischen *Elisabethkapelle*, der *Schatzkammer* und dem *Kerker* für die besseren Gefangenen (zu denen z. B. Erzbischof Pilgrim II. von Salzburg zählte). Außerdem gibt es hier eine *Gemäldesammlung* und das *Historische Stadtmuseum*.

## MUSEUM

**Historisches Stadtmuseum**
In der ehemaligen Kemenate, dem Frauentrakt, sind auf vier Stockwerken Burghausener Malerei und Bildhauerei, Volkskundliches, Militaria sowie 150 ausgestopfte Vögel ausgestellt. *15. März–April und Okt. tgl. 10–16 Uhr, Mai–Sept. tgl. 9–18 Uhr, Eintritt 2 Euro*

## ESSEN & TRINKEN ÜBERNACHTEN

**Bayerische Alm**
Komfortabel und ruhig, mit Burgblick, Biergarten und sehr feiner, bayerisch-österreichischer Küche. Deftiger geht's im romantischen Almstadl mit Schauküche zu. *Tgl., 23 Zi., Robert-Koch-Str. 211, Tel. 08677/98 20, Fax 98 22 00, www.bayerischealm.de,* €€

**Hotel Post**
Gemütliches, traditionsbewusstes Haus direkt am Stadtplatz. Gute bayerische Küche mit Niveau. Auch Zimmer mit Burgblick. *Tgl., 24 Zi., Stadtplatz 39, Tel. 08677/96 50, Fax 96 56 66, www.hotelpost.de, Hotel* €€, *Restaurant* €–€€

## EINKAUFEN

**Barbarino**
Hinten liegt die Werkstatt, vorne kann man die jeweils aktuelle Barbarino-Dirndlkollektion (zurückhaltend, klassisch, wunderschön) frisch aus der Fertigung erwerben. *Stadtplatz 116*

**Gazelle d'Afrique** Insider Tipp
Ausgerechnet in Burghausen hat sich eine der besten deutschen Galerien für afrikanische Kunst einge-

## MARCO POLO Highlights »Rupertiwinkel«

★ **Burghausener Burg**
Beeindruckende 1000-m-Anlage mit tausendjähriger Geschichte (Seite 76)

★ **Klostergasthof Raitenhaslach**
Nach der Besichtigung des Klosters tanken hier Leib und Seele auf (Seite 79)

★ **Tittmoning**
Gut erhaltenes Inn-Salzach-Städtchen (Seite 79)

★ **Bajuwarenmuseum**
In Waging befindet sich das einzige Museum, das sich den rätselhaften Vorfahren der Bayern widmet (Seite 82)

richtet: Malerei, Skulpturen, Teppiche, Schmuck. *Am Pulverturm 11, Tel. 08677/55 11, www.gazelle-d-afrique.com, nach Voranmeldung*

## AM ABEND

### Café Uhu

In den originell gestalteten Räumen trifft sich die Jugend gemütlich zu Kaffee und Kuchen (tagsüber) und cool zu Tango, Konzerten und Kabarett (abends). *In den Grüben 140, Tel. 08677/650 68, Di–So 14 bis 1, Mo 19–24 Uhr*

## FREIZEIT & SPORT

### Insider Tipp Plättenfahrten

Auf den Nachbildungen der mittelalterlichen Salzkähne fährt man in geselliger Runde vom flussaufwärts gelegenen Tittmoning zurück nach Burghausen. *Anmeldung: Verkehrs- und Kulturamt, Tel. 08677/88 71 40*

### Wöhrsee

Westlich des Burgberges liegt Burghausens grüne Lunge, der längliche Wöhrsee, und die ihn umgebenden Parkanlagen. Ein echter Tipp: das am Südufer gelegene, 100 Jahre alte Insider Tipp *Strandbad* mit Bootsverleih und Abenteuerspielplatz. *Mai–Sept. tgl. 8–20 Uhr, Eintritt 2,20 Euro*

## AUSKUNFT

### Verkehrs- und Kulturamt

*Stadtplatz 112, Tel. 08677/88 71 40, Fax 88 71 44, www.burghausen.de*

## ZIELE IN DER UMGEBUNG

### Ach [109 D3]

Über die Salzachbrücke geht's nach Oberösterreich und dort linksab ins Dörfchen Ach (2 km von Burghausen), das vor allem eine steile Serpentinenstraße den Uferhang hinauf bereithält. Oben gibt es eine *Aussichtskanzel*, an der sich nach Feierabend die Acher Jugend bei Flaschenbier und Selbstgedrehten trifft. Sie weiß eben, was stimmungsvoll ist! Der Blick von hier oben über Burghausens Burg und Altstadt ist atemberaubend schön. Wer anschließend selbst einen Schluck vertragen könnte: Ach wartet mit mehreren Weingasthöfen auf, darunter das besonders zu empfehlende *Weinhaus Pachler (Mo und Di geschl., Ach 14, Tel. 00437727/2206, €)* mit einer schönen Aussichtsterrasse.

### Marienberg [108 C3]

Marienberg ist einer der ältesten Wallfahrtsorte Süddeutschlands und ein recht prachtvoller dazu. Nur ein paar Minuten von Raitenhaslach und 6 km von Burghausen entfernt, errichteten die dortigen Zisterzienser hoch über dem Salzachtal die Wallfahrtskirche Ende des 18. Jhs. ganz im Stil des Spätrokoko. 53 Treppenstufen sind zu erklimmen, bevor man die »schönste Blüte des ländlichen Rokoko« anschauen darf, deren Wahrzeichen der beinahe quadratische Zentralbau und die etwas zu kurz geratenen Türme sind.

Innen richte man sein Augenmerk insbesondere auf den Hochaltar mit dem engelumschwebten Gnadenbild der Muttergottes und dort vor allem auf den hl. Rupert von Salzburg (der als Initiator der Salzgewinnung auch hier wieder mit dem Salzfass abgebildet ist) sowie auf das farbenreiche Kuppelfresko des Münchners Martin Heigl.

**Raitenhaslach** **[108 C3]**
Im 12. Jh. siedelten sich Zisterziensermönche vom Bodensee in den waldreichen Innauen 8 km südlich Burghausens an und führten ihr Kloster im Lauf der Jahrhunderte zu großer wirtschaftlicher und kultureller Blüte. Die Abteikirche zeugt heute noch davon. Äußerlich zwar nur von sehr schlichtem Barockgepräge, entfaltet sie im Inneren eine schier unglaubliche Rokokopracht. Manche meinen denn auch, hier sei des Guten zu viel geschehen: überbordende Stuckatur (die dem Wessobrunner Johann Baptist Zimmermann zugeschrieben wird), goldgerahmte Adelswappen und Fresken von Johann Zick, die das Leben des Bernhard von Clairvaux zum Thema haben. Ein Rokokofarbenrausch in Weiß, Gold und Rottönen, der schwindlig macht, den man sich aber ruhig gönnen sollte.

Irdischere Genüsse bietet nebenan der ★ *Klostergasthof Raitenhaslach (tgl., Tel. 08677/97 30, Fax 661 11, €)*, der kaum Wünsche offen lässt: bürgerlich-bayerische und gehobene französische Küche, einen wunderschönen kleinen Biergarten und 14 Zimmer für jene, die den herrlichen bayerischen Dreiklang aus Bier, Barock und Betmöglichkeit gern noch etwas länger genießen möchten.

**Tittmoning** **[108 C4]**
★ Als Erstes sollte man hinauf auf die mächtige *Burg*, die im 13. Jh. als Festung gegen Bayern (also gegen Burghausen) erbaut wurde, später jedoch von den Salzburger Fürstbischöfen als Jagdschloss genutzt wurde. Ein Besuch lohnt sich nicht nur wegen der gut erhaltenen Bausubstanz und der schönen Aussicht über Stadt und Salzachtal: Eines der schönsten Museen Oberbayerns, das *Heimathaus Rupertiwinkel (Mai–Sept. Fr–Di 14 Uhr, Eintritt 2,50 Euro)* hat im historischen Kavalier- und Prälatenstock der Burg ein angemessenes Quartier gefunden. Zum außerge-

*Die mächtige Burg beherrscht das Stadtbild von Tittmoning*

wöhnlichen Bestand des Heimathauses gehört eine umfangreiche Sammlung von über 130 alten bayerischen Schützenscheiben und 180 schmiedeeisernen Grabkreuzen. Sehenswert ist auch die saalartige Schlosskapelle *St. Michael* (1693), deren Marmorhochaltar der Laufener Johann Michael Rottmayr mit einem großartigen Engelssturz-Bild schmückte. Von der Burg aus kann man durch eine idyllische Wald- und Wildbachlandschaft zum Insider Tipp *Leitgeringer See* spazieren. Tittmoning (12 km von Burghausen, 5000 Ew.) selbst: ein fast schon italienisch anmutendes Städtchen mit 400 m langem Stadtplatz, dessen bunt bemalte Häuser der Inntalbauweise folgen. Das *Rathaus* verzieren vergoldete Büsten römischer Cäsaren. Zahlreiche alte Denkmäler und Brunnen schmücken den Platz. Der *Storchenbrunnen* (1625) symbolisiert den Kampf der menschlichen Vernunft gegen die Leidenschaften, dargestellt durch die vom Storchenschnabel aufgepickte Schlange – ein zeitloses Thema. Gemütliche Zimmer hat die am Stadtplatz gelegene *Florianistube (im Winter Do geschl., 10 Zi., 2 Apartments, Tel. 08683/10 32, Fax 89 09 66, €–€€)* mit bodenständiger Küche. *Auskunft: Städtisches Verkehrsamt, Stadtplatz 1, Tel. 08683/70 07 10, Fax 70 07 30, www.tittmoning.de*

## LAUFEN

**[113 D1]** Wie eine Miniatur Wasserburgs wirkt das ehemals salzburgische, schon im 8. Jh. urkundlich erwähnte Laufen (5500 Ew.), jahrhundertelang einer der wichtigsten Umschlagplätze der Salzachschiff-

*Fronleichnamsprozession in Laufen*

fahrt: Vom Wasser umschlungen liegt es in einer Flussschleife der Salzach. Laufen ist heute eine geteilte Stadt. Nach dem Wiener Kongress, in dem die Salzach zum Grenzfluss erklärt wurde, kam Laufen an Bayern, seine am anderen Flussufer gelegenen Schiffervorstädte Altach und Oberndorf aber blieben bei Salzburg. Auch heute noch fühlt man sich trotz gezogener Landesgrenze einander eng verbunden, und der kleine Grenzverkehr, der über die schöne, adlergeschmückte Salzachbrücke führt, ist rege.

### SEHENSWERTES

**Pfarrkirche Mariä Himmelfahrt**
Die älteste gotische Hallenkirche Süddeutschlands ist aus einer romanischen Basilika hervorgegangen (von der der Spitzturm übernommen wurde) und rund 650 Jahre alt. Innen findet man einige schöne Gemälde des Laufener Barockkünstlers Johann Michael Rottmayr, der es in Wien bis zum kaiserlichen Hofmaler brachte. Die Kirche ist an drei Seiten von niedrigen gotischen Laubengängen umgeben, deren zahlreiche Epitaphien von Laufener Familien man sich genauer ansehen sollte. *Am Spannbrücherplatz*

## ÜBERNACHTEN

Insider Tipp **Kapuzinerhof**
Schlafen in den restaurierten Originalzellen eines ehemaligen Klosters. *55 Zi., Schlossplatz 4, Tel. 08682/95 40, Fax 95 42 99, www.kapuzinerhof-laufen.de, €€€*

**Mayrwirt**
Gemütlicher und solider Gasthof südlich von Laufen. *21 Zi., Untere Str. 42, Saaldorf-Surheim, Tel. 08654/69 03 90, Fax 74 40, €*

## AUSKUNFT

**Verkehrsbüro**
*Schlossrondell 2, Tel. 08682/18 10, Fax 80 99 14, www.abtsdorfersee.de*

## ZIELE IN DER UMGEBUNG

Insider Tipp **Abtsdorfer See** [113 D1]
Still und fast vergessen neben den »großen Brüdern« Waginger See und Chiemsee liegt am Rande eines ursprünglichen Landschaftsschutzgebietes der Abtsdorfer See (4 km von Laufen), ein warmes und leicht mooriges Gewässer. Ein Besuch im alten Strandbad mit seinen teils abschüssigen Liegewiesen, hölzernen Umkleidekabinen und der nicht allzu steilen Wasserrutsche stimmt wunderschön nostalgisch. Ein weiterer Erholungs-Pluspunkt: Motorboote haben Fahrverbot auf dem Abtsdorfer See. Ein nettes, solides Gasthaus, in dem auch Zimmer vermietet werden, steht im nahen Leobendorf: *Wirtshaus Leobendorf (Mo geschl., 10 Zi., Römerstr. 1, Tel. 08682/474, €).*

**Oberndorf** [109 E6]
Darf's ein kleiner Ausflug von 100 m ins Ausland sein? Ein Spaziergang über die Salzachbrücke führt nach Österreich. Das Zollhäusl dient nur noch der Dekoration. Drüben in Oberndorf gibt es nicht nur die malerischen alten Schifferhäuser zu besichtigen, sondern vor allem den Geburtsort eines Liedes, das weltweit Karriere gemacht hat: »Stille Nacht, heilige Nacht«. Der herzergreifende Weihnachtsklassiker wurde 1818 von zwei Oberndorfern, dem Pfarrer und dem Lehrer, komponiert und am Weihnachtsabend in der Oberndorfer St.-Nikola-Kapelle erstmals dargeboten. Die Kapelle fiel 1899 einem Hochwasser zum Opfer; an ihrer Stelle hat man zur Erinnerung an den historischen Moment eine »Stille Nacht«-Kapelle errichtet.

# WAGINGER SEE

**[108–109 C–D6, 112–113 B–C1]** Der größte See Oberbayerns ist er nicht, aber dafür der wärmste. Auf bis zu 25 Grad Celsius kann sich der leicht moorige und daher oft trübe wirkende Waginger See im Sommer erwärmen. Da erstaunt es dann auch nicht weiter, dass sich das 12 km lange Gewässer trotz vieler naturbelassener Uferregionen zu einem wahren Dorado für Plantscher, Schwimmer und schließlich auch für Wassersportler entwickelt hat. (Nur Motorboote sind hier nicht zugelassen.) Der Nordteil des Waginger Sees, nur durch eine schmale »Wasserenge« mit dem Südteil verbunden, wird *Tachinger See* genannt. Die Uferorte *Taching, Waging, Petting* und *Tettenhausen* haben sich zu beliebten Erholungsorten entwickelt, wobei es in Waging am lebhaftesten zugeht.

*Frei zugängliche Ufer bei Waging mit Blick über den gleichnamigen See*

Dass der Waginger See früher eine erheblich größere Ausdehnung gehabt haben dürfte, erkennt man am Insider Tipp *Schönramer Filz*, einem herrlichen Moor- und Heidegebiet, das sich vom Südufer aus in Richtung Freilassing erstreckt und zu stundenlangen, einsamen Wanderungen einlädt.

## SEHENSWERTES

Das am Westufer gelegene *Waging* (5000 Ew.) hat sich trotz vieler schrecklicher Brände und Zerstörungen das typische Gesicht der Inn-Salzach-Städte bewahrt. Die *Pfarrkirche St. Martin* (1698) hat einen gotischen Turm mit mächtiger Zwiebelhaube und reichem Wessobrunner Stuck im Langhaus; die Grabsteine erinnern an längst vergangene Adelsgeschlechter aus der Umgebung. Im Vorort *Otting* lohnt die spätgotische *Kirche St. Stephanus* mit ihren Fresken und Marmorgrabsteinen aus dem 15. und 16. Jh. eine kurze Visite. *Schloss Gessenberg*, schlicht, mit seinen rotweißen Fensterläden und vier Türmchen aber hübsch anzusehen, stammt von 1700 und war früher Grenzbefestigung der Salzburger Erzbischöfe; seine Schlosskapelle ist ein Nachbau der Altöttinger Gnadenkapelle. 2 km südlich von *Petting* liegt an dem kleinen *Weidsee* höchst idyllisch *Schloss Seehaus*, ein gotischer Bau, in dem der Salzburger Fürsterzbischof Wolf Dietrich von Raitenau um 1600 seine Geliebte Salome Alt unterbrachte.

## MUSEUM

**Bajuwarenmuseum**

★ Bisher gab es kaum gesicherte Erkenntnisse über das geheimnisvolle Volk der Bajuwaren. Das Museum in Waging jedoch schafft Abhilfe: Umfangreiche Funde aus den Reihengräbern in Petting und Waging illustrieren Lebensweise und Kunstfertigkeiten der Vorfahren der Bayern. *Mai bis Okt. Di–So 10–17 Uhr, Nov. bis April nur Do–So, Eintritt 2,50 Euro, Salzburger Str. 32*

## ESSEN & TRINKEN ÜBERNACHTEN

**Wölkhammer**
Neu und im rustikalen Stil erbaut, glücklicherweise aber ohne kitschige Entgleisungen. Das Haus hält viel Komfort bereit und hat ein gutes Restaurant. *67 Zi., Waging, Haslacher Weg 3, Tel. 08681/40 80, Fax 43 33, www.hotel-woelkhammer.de,* €€–€€€

**Zauner**
Netter Ferienbauernhof mit hauseigenem Badesteg und Fischerhütte. *7 Zi., Waging, Buchwinkel 2, Tel. 08681/14 63,* €

## CAMPING

Den Waginger See säumen Campingplätze in Waging, Tettenhausen, Kirchanschöring, Taching, Kühnhausen und Musbach.

**Strandcamping Waging am See**
Der große Platz verfügt über eine gute Infrastruktur und ist (dank Wasserrutsche und sommerlichen Strandpartys) besonders lebendig. *Waging, Am See 1, Tel. 08681/552, Fax 450 10, www.strandcamp.de*

## FREIZEIT & SPORT

Segeln und Surfen, Radeln und Reiten – der Waginger See und sein Umland bieten viele Möglichkeiten, sich sportlich zu betätigen, ganz zu schweigen von den Badefreuden.

**Tennisschule Sepp Baumgartner**
Überregional bekanntes Tenniscamp. Tenniswochen können als Ganz- und Halbtagskurse absolviert werden. Dazu sehr schöner Wellnessbereich mit duftendem Sinnesgarten. *Waging, Strandbadallee, Tel. 08681/98 45, www.sbaumgartner.com*

Insider Tipp

## AUSKUNFT

**Fremdenverkehrsverband Waginger See**
*Salzburger Str. 32, Tel. 08681/313, Fax 96 76, www.waging-am-see.de*

## Wohlstand an der Scheunenwand

### Nur reiche Bauern konnten sich kunstvolle Bundwerkverzierungen leisten

Kunst am Balken« könnte man es nennen – das Bundwerk, ein einmaliger Ausdruck ländlicher Zimmermannskunst. Man versteht darunter eine Holzkonstruktion, die nur innen verschalt ist. Die Balken bleiben außen sichtbar und strukturieren so die Wand. Zusätzlich werden sie oft noch durch kostbare Schnitzereien oder den so genannten »Gitterbund« bereichert, ein Netz aus dicht gekreuzten Diagonalverstrebungen. Das Bundwerk ist typisch für Ställe und Scheunen des Rupertiwinkels und des nördlichen Chiemgaus. Woher diese Kunst kam, ist nicht ganz geklärt. Man vermutet Südosteuropa als Wiege des Bundwerks.

# Land der Seen und der Berge

**Die Touren sind in der Karte auf dem hinteren Umschlag und im Reiseatlas ab Seite 106 grün markiert**

## 1 BADESPASS AUF DER EGGSTÄTT-HEMHOFER SEENPLATTE

**Der Chiemsee als größtes bayerisches Gewässer erfreut sich starker Prominenz. Doch nördlich des »Bayerischen Meeres« geht es erst richtig los mit dem Badespaß. Doch das wissen die wenigsten. Fast 30 kleine Seen haben die schmelzenden Eiszeitgletscher hier hinterlassen, oftmals moorige, aber rundum idyllische Oasen sommerlichen Freizeitvergnügens, eingebettet in eine ursprüngliche, bäuerlich gepflegte Kulturlandschaft. Das Szenario ist wie aus dem Bilderbuch: gemütliche Dörfer mit barocken Zwiebelturmkirchen, weite Wiesen und Felder, dunkler Tann, und irgendwo blitzt immer wieder blau ein freundlicher See auf. Die Rundtour beginnt und endet in dem am Chiemsee-Westufer gelegenen Rimsting, führt bis Seebruck am Chiemsee entlang, weiter gen Norden nach Seeon und Obing und zurück über Höslwang und Bad Endorf. Aus leicht nachvollziehbaren Gründen handelt es sich um eine ausgesprochene Sommertour, die 56 km umfasst und 1 1/2 Std. (reine Fahrzeit) dauert.**

*Wasserfälle ergießen sich in die wildromantische Wimbachklamm*

Von *Rimsting (S. 33)* fahren Sie in Richtung Gstadt und Seebruck zunächst zum Chiemsee. Die Straße verläuft in kurvenreichem Auf und Ab und in gewissem Abstand zum Ufer. Bei *Hochstätt* bezaubert linker Hand ein wunderschöner alter Bauernhof mit Spalierobst; *Breitbrunn* besitzt einen idyllischen Dorfweiher, der aber noch nicht zur Seenplatte zählt.

Hinter Breitbrunn senkt sich die Straße sanft zum See ab. Die Insel *Frauenchiemsee (S. 28)* gerät ins Blickfeld, nach Süden überragt von der Wand der Chiemgauer Berge – ein hinreißendes Bild. Direkt am See entlang, weiß getupft mit Segelbooten, von dem Sie jetzt nur noch wogendes Schilfgras trennt, geht es weiter nach Lambach, wo Sie auf die von Rosenheim kommende größere Landstraße stoßen, auf der Sie bis Seebruck weiterfahren.

Hier biegen Sie gleich am Ortsanfang in Richtung Seeon und Obing ab – ein Sträßlein, so recht für stille Genießer. Gemütlich schlängelt es sich durch Wald und Wiesen, vorbei an stattlichen Bauernhöfen und über die Ischler Achen. Fenster herunterkurbeln und tief durchatmen – es riecht nach Land, Getreide und Sommer! Und schon taucht rechter Hand der erste See auf. Es ist der *Seeoner See (S. 37)*; hier einfach vorbeizubrausen wäre eine schwere Sünde. Ein ausführlicher Stopp lohnt sich für alle – für kunstgeschichtlich Interessierte ebenso wie für Ästheten und Romantiker. Das Ensemble von ehemaligem Benediktinerkloster, den Holzstegen, den alten Villen hinter dem Schilf und dem Strandbad auf der anderen Seeseite ergibt ein Idyll, das seinesgleichen sucht. Auch der Zwetschgendatschi im *Kloster-Café* ist einen Versuch wert.

Weiter geht es dann vorbei am schilfumstandenen *Brunnensee* zur Kreuzung mit der B 304, wo Sie nach links in Richtung Wasserburg abbiegen. Der spitze neugotische Kirchturm von *Obing* grüßt schon von weitem und lädt zu einem kleinen Rundgang. Der lohnt sich, denn in dem an sich uninteressanten (weil im 19. Jh. erneuerten) Innenraum der Kirche sind am Hochaltar einige der kunsthistorisch wertvollsten Stücke der Region zu bewundern: Kein Geringerer als der legendäre Meister von Rabenden hat die lebensgroßen Figuren der Madonna mit Kind sowie der Heiligen Jakobus und Laurentius geschaffen. Selbstredend ist auch Obing nicht ohne See und dieser nicht ohne ein herrliches Insider Tipp Strandbad mit langem Steg und Wasserrutsche.

Kurz vor dem Ortsende Obings geht es wiederum nach links und in sanftem Auf und Ab durch saftige Wiesen nach *Amerang (S. 60)*. Hier fahren Sie links in Richtung Halfing. Nun heißt es Augen links, denn auf einer Anhöhe, leider leicht verdeckt, taucht das Ameranger *Renaissanceschloss* auf, in dessen dreistöckigem Arkadenhof im Sommer Konzerte stattfinden. Auch den *Ameranger* und den *Zillhamer See* kann man liegen sehen, beides Moorseen inmitten der sumpfigen Wiesen des so genannten *Freimooses*. Wem der Sinn nach einem kleinen Spaziergang durch das Feuchtgebiet steht: Zu Fuß braucht man eine halbe Stunde zu den Seen.

Sie fahren weiter in Richtung Halfing. Vor dem Ort zweigen Sie links in Richtung Höslwang ab, dessen Kirchturmzwiebel schon bald hinter den Hügeln auftaucht. Bei Unterhöslwang biegen Sie rechts ab in Richtung Hemhof und Bad Endorf. Wem der Magen knurrt, der kann wenig später bei Gachensolden auf das Nebensträßchen nach Oberulsham einbiegen: dort steht einladend der *Landgasthof Sägwirt (Mi geschl., Tel. 08056/346, €)* mit seiner schönen Sonnenterrasse.

Am Westrand der Eggstätt-Hemhofer Seenplatte rollen Sie nun an dem in offenem Moränengelände liegenden *Pelhamer See* vorbei, wo Badende im Schatten von Laubbäumen und auf sonnigen Wiesen lagern. Weiter geht's nach *Stephanskirchen*. Um in dem östlich von Stephanskirchen gelegenen *Schlosssee* zu baden, muss man ein paar Schritte zu Fuß gehen.

Wer lieber im Auto sitzen bleibt, fährt einfach weiter nach Hemhof, wo man rechts abbiegt in die Straße nach Bad Endorf. Von dort gelangt man auf der Landstraße zurück nach Rimsting, dem Ausgangsort.

*Blick von Rimsting auf den Chiemsee und die Chiemgauer Alpen*

## 2 WEISSBACHER SALINEN-RUNDWEG

**Die Salzindustrie in Reichenhall hat eine lange Tradition. Doch als Anfang des 17. Jhs. die Holzvorräte nicht mehr zum Versieden der Sole reichten, wurde die Saline in das damals waldreiche Traunstein verlegt und die erste Pipeline der Welt gebaut, eine aus 9000 Holzrohren bestehende Soleleitung mit Pumpvorrichtung – damals ein Wunderwerk der Technik. Der markierte Rundweg vermittelt einen Eindruck davon, welcher Aufwand nötig war, um die Pumpen in Betrieb zu setzen. 4,5 km, etwa 2 Std.**

Start ist am *Weißbacher Mauthäusl.* Auf der alten Salzstraße geht es zum »Aufschlagwasserweg« und auf diesem gen Norden. Das Aufschlagwasser kam aus den Gebirgsbächen und wurde in die Brunnhäuser geleitet; mit seiner Hilfe wurde die Sole Steigungen hinaufgepumpt. Der 30 m lange Stollen, der zu durchqueren ist, wurde eigens für die Aufschlagwasserleitung durch den Fels getrieben. Hinter dem Stollen geht es links hinab zum Stabach, weiter auf der *Jochbergstraße,* rechts ab zur *Pichlerturmruine* und wieder hinunter zum ehemaligen *Brunnhaus Grub,* weiter über den Weißbach und an seinem Ufer zurück nach Süden. Am Ortsende heißt es noch einmal den Weißbach überqueren. Dann geht es auf dem alten *Triftsteig* zurück zum Ausgangspunkt. »Trift« nennt man den Transport ungebundenen Holzes auf dem Wasserweg; von den Triftpfaden aus kümmerten sich Helfer um das Passieren der Scheiter, die in den Salinen erwartet wurden. Erst im 20. Jh. wurde das Holz bei der Salzgewinnung durch andere Energiequellen ersetzt, was die Trift überflüssig machte.

## 3 RUND UM DEN WATZMANN

**Ah, der Watzmann! Einmal oben gestanden haben … Zugegeben: Eine erfolgreiche Gipfelbesteigung wird bei Nachbarn und Kollegen den tieferen Eindruck hinterlassen. Dennoch wird hier die schlichte Umrundung des Sehnsuchtsberges empfohlen, und das aus zweierlei Gründen. Zum einen ist sie landschaftlich besonders reizvoll, zum anderen auch für durchschnittliche Wanderer und Bergsteiger ohne Gefahr für Leib und Leben zu machen (Bergerfahrung und -ausrüstung sind allerdings Voraussetzung). Rund 17 km, etwa 8 Std.**

Start ist im Dorf *Königssee* am Ufer des gleichnamigen Gewässers, wo der bequemste Teil der Tour beginnt – die 20-minütige Fahrt im Motorboot, vorbei an der gewaltigen Watzmann-Ostwand, nach *St. Bartholomä* (618 m). Dort wendet man sich gen Süden in Richtung Funtensee. Zunächst führt der Weg fast eben am Seeufer entlang, dann geht es gewissermaßen in den »Watzmann-Hinterhof« hinein und in Serpentinen das Tal hinauf zur Schrainbachalm (866 m). Noch ein Stück weiter oben zweigt rechts der Weg ab, der teilweise exponiert (aber drahtseilgesichert) zur *Sigertplatte* führt. Über diese steigt man weiter auf zum Pass *Trischübel,* dem mit 1798 m höchsten Punkt dieser Tour. Von hier an geht's bergab. Auf der anderen Passseite lockt zunächst die bewirtschaftete *Wimbachgrieshütte* mit herrlichem Blick auf Palfenhörner, Hochkalter (2608 m) und Steintalhörnl. Dann geht's in leichtem Abstieg gut 8 km durch das weite Wimbachtal, immer an dem breiten Schuttstrom entlang, den der mittlerweile unterirdisch fließende Wimbach hinterlassen hat, durch lichten Bergwald und durch Latschenniederungen, vorbei an eindrucksvollen Steilwänden (rechter Hand die Watzmann-Westwand) bis hin zum *Wimbachschloss,* das einst den Wittelsbachern als Jagdhaus diente. Nach weiteren 4 km trifft man auf den Einstieg in die *Wimbachklamm,* eine Felsschlucht voll tosender Wasserfälle und für 500 m feuchtfröhliche Alternative zum Wanderweg. Dahinter schließt sich ein kurzer, steiler Abstieg zur Wimbachbrücke in *Ramsau* *(S. 68)* an. Von hier aus verkehren Busse nach Berchtesgaden und von dort zum Königssee.

Insider Tipp

## 4 NACH ST. SERVATIUS UND ZUM TAUBENSEE

**Von außen wirkt es eher schlicht, doch das spätgotische Kirchlein St. Servatius, kurz Streichenkapelle genannt, hat es in sich: Es beherbergt einen bedeutenden Freskenzyklus aus dem 15. Jh. und wertvolle Schreinaltäre – ein Kunsterlebnis, das jedoch erwandert werden will. Denn mit dem Auto kommt man auf den Streichen (800 m) gottlob nicht (ganz) hinauf. Rund 9 km, 4 Std.**

Mit dem Auto fährt man von *Schleching* *(S. 48)* in Richtung Kössen (Österreich) und sofort hinter der Brücke über die Tiroler Ache links den Berg hinauf bis zum Park-

*In eindrucksvoller Lage steht auf dem Streichen die Streichenkapelle*

platz. Von hier aus wandert man eine für Autos gesperrte Fahrstraße gemütlich bergan und steht nach etwa einer halben Stunde vor dem *Berggasthof Streichen* und genau unterhalb des Kirchleins (800 m). Die Wirtschaft ist Pflichtziel auch für Nur-Kunstbeflissene, denn hier muss man den Schlüssel zur Kapelle *(S. 49)* abholen. Vom Streichen aus führt ein schmaler Wanderweg in nordöstlicher Richtung zu den Ulmenau- und Petereralmen, wo man rechts auf einen Güterweg einbiegt, der in Serpentinen zur Donaueralm führt (etwa 1000 m). Hier trifft man auf einen Wanderweg, der steil bergauf zum Insider Tipp *Taubensee* führt (1100 m), einem idyllischen kleinen Bergsee, durch den die deutsch-österreichische Grenze verläuft. Eine sehr schöne Aussicht hat man von der etwas oberhalb gelegenen *Taubenseehütte,* die zur Einkehr lädt. Zurück geht's auf demselben Weg.

## 5 ALZ-SALZACH-RADTOUR

**Im Mündungsgebiet der Flüsse Inn, Alz und Salzach, das von ruhiger, aber berückender Schönheit ist, wurde ein Radwegenetz angelegt, auf dem man das leicht gewellte Bauernland mit seinen gemütlichen Dörfern viel besser kennen lernt als mit dem Auto. Rund 49 km, 1 Tag**

Start ist in *Trostberg (S. 34).* Erst radelt man in Richtung Altenmarkt, biegt dann aber links ab nach Lindach und fährt über Tyrlbrunn nach Freutsmoos und weiter nach Kay und Kirchheim. Hier geht es links ab und an der Salzach entlang nach *Tittmoning (S. 79),* das man in Richtung Tyrlaching wieder verlässt. Von hier aus führt der Weg in leichtem Zickzack nach Feichten über die Alz nach Tacherting und von dort nach Trostberg zurück.

# Der Berg ruft ... der See auch!

**Wandern, Skifahren, Biken. Doch auch, wer im Tal bleibt, hat alle Hände voll zu tun**

Die Chiemgauer und Berchtesgadener Alpen liefern nicht nur eine prächtige Kulisse, sie sind die Basis für Bergsteiger, Skifahrer und Biker. Auch Segler und Surfer sind den Bergen zu Dank verpflichtet, weil die kleinen und großen Seen der Region ohne den Zufluss von Gebirgsbächen längst vertrocknet wären. Baden könnte man dann übrigens auch nicht – eine dramatische Vorstellung, wo doch das Sonnen und Plantschen an den friedlichen Grasufern der Chiemgauer Seen für viele Gäste den Inbegriff des Ferienvergnügens darstellt! Kurz: Ohne die Berge gäbe es praktisch nichts zu tun hier.

## BERGSTEIGEN, WANDERN & KLETTERN

Chiemgauer und Berchtesgadener Alpen bieten jede Menge Möglichkeiten zu Bergwanderungen, Berg- und Klettertouren: für Anfänger wie für Könner. Die Wege sind in der Regel sehr gut markiert, und zahlreiche Berghütten laden zur Rast und oft auch zur Übernachtung ein (Nachtlager besser vorbestellen!). Trotzdem kann nicht genug zur Vorsicht gemahnt werden. Die Berge sind kein Abenteuerspielplatz! Das Wetter in den Alpen kann extrem schnell umschlagen. Ebenso wichtig: gesunde Selbsteinschätzung und gute Informationen, z. B. beim *Deutschen Alpenverein, Tel. 089/29 49 40 (alpine Auskünfte) oder 09001/29 50 70 (Alpenwetterbericht), www.alpenverein.de*, und vielen *Verkehrsämtern (Bergführer, Tourenvorschläge)*.

*In luftiger Höhe schweben: Paragliding im Kampenwandgebiet*

## FLIEGEN

Drachenfliegen, Gleitschirmfliegen, Segelfliegen – das südöstliche Oberbayern besitzt nicht nur einladende thermische Verhältnisse, sondern auch spektakulär schöne Startplätze: die *Kampenwand* zum Beispiel, das Wahrzeichen des Chiemgaus, für Paraglider! Einen guten Ruf genießt die in Unterwössen im Priental ansässige *Deutsche Alpensegelflugschule DASSU*, bei der Neulinge, bevor sie sich in einen Wochenkurs zum Thema Segelfliegen oder Motorsegeln einschreiben, auch erst einmal einen *Schnuppertag* absolvieren können *(Windseestr. 45, Tel. 08641/69 87 87, Fax 69 87 88, www.dassu.de)*. Insider Tipp

## GOLF

Elf Golfplätze in einer recht übersichtlichen Region wie dem Chiemgau und dem Berchtesgadener Land sagen viel über die stark gewachsene Beliebtheit dieses Sports aus. Besonders schön gelegen ist der *Golfplatz im Chiemgau (18 Loch, Chieming-Kötzting, Tel. 08669/873 30, www.golfchieming.de).*

## RADELN

*Chiemgau* und *Rupertiwinkel* für die gemütlichen Radler, die entspannt auf verkehrsarmen Nebenstraßen in die Pedale treten, *Chiemgauer Alpen* und *Berchtesgadener Land* für die durchtrainierten Mountainbiker, die sich die Berge hinauf- und hinunterquälen. Für beide Kategorien gibt es unzählige Möglichkeiten. Allein der Chiemgau verfügt über 1200 km beschilderte Radwege. Als Klassiker gilt die ★ *Radtour um den Chiemsee,* 60 km auf kleinen Nebenstraßen, durch Schilf und Birkenwälder, Moore und Kuhweiden, vorbei an barocken Zwiebeltürmen und schattigen Biergärten. Daneben gibt es noch zahlreiche andere Radwege, die man etappenweise oder ganz abfahren kann, z. B. *Chiemgau-Radweg* (Reit im Winkl–Ruhpolding–Inzell) oder *Traun-Alz-Radweg* (Siegsdorf–Traunstein–Altenmarkt). Infos gibt's bei den Verkehrsämtern oder unter *www.radwandern.com.*

Die organisierte *Tour de Chiemgau* dauert sechs Tage, beginnt in Prien und führt in einem weiten Bogen über Traunstein, Salzburg und Ruhpolding wieder nach Prien zurück. Die Organisatoren kümmern sich um den Gepäcktransport und die Übernachtung *(Step-for-step, Steinbergstr. 10, 83259 Schleching, Tel. 08649/98 66 18, Fax 98 66 19, www.step-for-step.de).* Bei dieser Adresse ist auch eine Broschüre erhältlich, die sämtliche »Radhotels« auflistet.

Mountainbiker starten von Reit im Winkl, Ruhpolding, Inzell oder Berchtesgaden auf Forststraßen oder Wanderwegen in Richtung Gipfelwelt. Eine der anspruchsvollsten Routen ist die Tour von Berchtesgaden zur *Gotzenalm* – 11 km Strapazen und zum Ausgleich tolle Ausblicke auf Watzmann und Königssee *(www.bergradler.com).*

## SEGELN & SURFEN

Was wäre das »bayerische Meer« ohne gehisste Segel? Der *Chiemsee* ist das absolute Zentrum der Segel- und Surfaktivitäten Südostbayerns. Bei guten Wind- und Wetterverhältnissen kann es jedenfalls durchaus voll werden auf dem See. Segel- und Surfschulen gibt es am *Chiemsee*, am *Waginger* und am *Simssee.* Sehr renommiert im Segelbereich ist die *Chiemsee-Yachtschule Gollenshausen*, die u. a. auch Katamarankurse und Wochenendkurse anbietet *(Chiemseestr. 34, Gstadt-Gollenshausen, Tel. 08051/17 40, Fax 7170, www.cyg.de).*

## SKIFAHREN

Ski und Rodel sehr gut! Speziell *Reit im Winkl* gilt als ausgesprochenes Schneeloch. Sein Skigebiet ist die bekannte ★ *Winklmoosalm* – ein weitläufiges Areal, das Scheiblberg, Steinplatte und Dürrnbachhorn umfasst, 50 km Pisten erschließt und immerhin bis auf

*Die weite Fläche des Chiemsees ist beliebt bei Seglern und Surfern*

1900 m hinaufreicht. Vom Ort fahren Busse ins autofreie Skigebiet, das teilweise schon auf österreichischem Boden liegt. Zum alpinen Skilauf bieten sich folgende Skigebiete an: die *Kampenwand* bei Aschau, der *Jenner* (Berchtesgaden), *Hochfelln* (Ruhpolding) und *Predigtstuhl* (Bad Reichenhall). Langlauf geht praktisch überall; gut laufen und skaten kann man in *Reit im Winkl* und *Ruhpolding*, deren Loipennetze auch miteinander verbunden sind. Ruhpolding bietet als weitere Spezialität Insider Tipp *Gäste-Biathlon* an; der Ort hat sein eigenes Biathlon-Zentrum, in dem Weltcupveranstaltungen und bereits vier WMs stattgefunden haben! Dort werden auch die Schnupperkurse für Gäste veranstaltet *(Infos über Kurverwaltung Ruhpolding, Tel. 08663/880 60, Fax 88 06 20, www.ruhpolding.de)*.

## WASSERSPORT

Für Rafting und Canyoning eignen sich die Chiemgauer und Berchtesgadener Alpen bestens. Als ideales Raftinggewässer hat sich die *Tiroler Ache* bewährt, die im ersten Teilstück durch die spritzige *Entenlochklamm* bis nach Schleching ausgesprochen wild ist. Rafting- und Canyoningtouren werden u. a. organisiert vom *Reichenhaller Club Aktiv (Tel. 08651/672 38, www.rafting-fun.com)*, von der *Firma Straub Abenteuer (Schneizlreuth, Tel. 08561/785 63, www.straub-abenteuer.de)* und vom *Outdoor Club Berchtesgaden (Tel. 08652/977 60, www.outdoor-club.de)*.

Wenn es dagegen nicht unbedingt ein »Fun-Sport« sein muss, sondern auch eine altmodische, sehr beschauliche und romantische Unternehmung sein darf: Auf dem Flüsschen *Alz*, das so wunderbar unökonomisch von Seebruck am Chiemsee nach Truchtlaching mäandert, werden *Floßfahrten* veranstaltet Insider Tipp *(Auskunft: Verkehrsamt Seebruck, Am Anger 1, Tel. 0700/73 32 78 25, Fax 08667/74 15, www.seeon-seebruck.de)*.

# Von Raubrittern, Modellzügen und tiefen Schluchten

## Tipps für Kinder und Jugendliche, an denen auch die Eltern ihren Spaß haben

Aus Kindersicht ist das landwirtschaftlich geprägte Südostbayern ein einziger Abenteuerspielplatz. Kraxelberge, Flüsse und Seen, Wiesen, Wälder und Tiere sind das Primärmaterial, das nur darauf wartet, entdeckt und erobert zu werden. An den zahlreichen Seen gibt es Badevergnügen ohne Ende; in Ruhpolding und Berchtesgaden, Prien und Wasserburg stehen außerdem mit allen Schikanen ausgestattete »Erlebnisbäder«. Auch kleinere Feriendörfer bieten meist ein Kinderprogramm für den Sommer an, in denen sich die Kids unter geschulter Aufsicht von Schul- und Stadtstress erholen – derweil sich die Eltern von den Kindern erholen. Der bäuerliche Chiemgau mit Berchtesgadener Land ist ideal für Ferien auf dem Bauernhof, wo es zwischen Kuhstall, Kätzchen und Heuernte viel zu erleben gibt. Info: *Urlaub auf dem Bauernhof Chiemgau, Kirchplatz 3, 83368 St. Georgen, Tel. 08669/40 01, Fax 40 03, www.chiemgau-bauernhof urlaub.de; Urlaub auf dem Bauernhof Rupertiwinkel-Berchtesgadener Land, Tittmoninger Str. 50, 83410 Laufen, Tel. 08682/70 66, Fax 98 07, www.uab-online.de*

*Auch für Kinder ein großes Ereignis: Trachtenwallfahrt im Chiemgau*

### RUND UM DEN CHIEMSEE

**Burg Stein** [107 F6] Insider Tipp

Eine Burgbesichtigung der gruseligen Art: In der Höhlenburg von Stein an der Traun trieb im Mittelalter der sagenumwobene Ritter Hans von Stein sein Unwesen. Auf der einstündigen Führung durch modrige Gänge und feuchte Verliese werden der Brunnen besichtigt, in den der Unhold unliebsame Personen zu werfen pflegte, eine Gefängniszelle, der Gerichtssaal und schließlich die Kammer der Waltraud, die sich lieber selbst erdolchte, als sich vom finsteren Ritter die Ehre rauben zu lassen. Für Kinder ab etwa neun Jahren. *Führungen im Sommer tgl. 13.30 und 15 Uhr, pro Führung 15 Euro, bei Gruppen ab 10 Personen Erwachsene 1,50 Euro, Kinder 1 Euro, Stein an der Traun, Schlosshof, Tel. 08621/28 36 (Voranmeldung!)*

**Mammutheum Siegsdorf** **[112 A3]**
Lebensgroße Rekonstruktionen von Mammuts und Sauriern bevölkern den Park – das perfekte Ambiente für einen »Steinzeit-Parcours«. Kinder lernen, wie man ohne Streichhölzer Feuer macht, wie Faustkeil, Speer- und Pfeilspitzen hergestellt werden und wie man mit Pfeil und Bogen schießt. Das Mammutheum steht nicht ohne Grund bei Siegsdorf: Hier wurde 1975 das Mammut »Oskar« ausgegraben, das mit seinen stattlichen 4 m Höhe natürlich einen Ehrenplatz im Park einnimmt. *Di–So 10–17 Uhr, Erwachsene 5 Euro, Kinder 3 Euro, Siegsdorf, Dr.-Liegl-Straße (zwischen Siegsdorf und Bergen), www.mammutheum.de*

## CHIEMGAUER ALPEN

**Holzknechtmuseum** **[112 A–B4]**
Dem Leben und Arbeiten der Holzknechte, die fast 300 Jahre lang die Ruhpoldinger Saline am Laufen hielten, ist dieses einzigartige Museum gewidmet. In dem zweistöckigen Museumsbau und auf dem Freigelände werden der technische Aspekt der Waldarbeit, aber auch die sozialen Umstände dieses harten Berufes gezeigt. Lehrreich, aber alles andere als langweilig! *Mai bis Okt. Di–So 10–17, Jan.–April 13 bis 17 Uhr, Erwachsene 3 Euro, Kinder 1 Euro, Ruhpolding, In der Laubau, www.holzknechtmuseum.de*

**Märchen-Erlebnispark** **[111 E4]**
Die Sommerrodelbahn ist mit Steilkurven gespickt, im Wasserspielgarten darf man all das ausprobieren, was in der heimischen Badewanne nicht geht, und es gibt eine Gaudigondel, mit der man sich ganz schön in die Höhe schaukeln kann. Ein Streichelzoo, eine kleine Eisenbahn und ein Wildgehege gehören auch dazu. *Ostern–Okt. tgl. 9–18 Uhr, Erwachsene 6,50 Euro, Kinder 5,50 Euro, Marquartstein, Jägerweg 14, www.maerchenpark.de*

**Märchen-Familienpark** **[112 A4]**
Ein Wald voller Hexen und Zwerge, Drachen und Bären in Märchenszenen. Damit sich die lieben Kleinen zwischendurch auch ein bisschen bewegen, gibt es ein Rutschparadies (die Steilrutsche mit 60 Grad Neigung ist nichts für Hasenfüße!), einen Klettergarten und einen Abenteuerspielplatz. *Ostern–Okt. tgl. 9–18 Uhr, Erwachsene 8 Euro, Kinder 7 Euro, Ruhpolding, Vorderbrand 7, www.maerchenpark.de*

## STÄDTE AM INN

**EFA-Museum** **[106 C6]**
Väter müssen zu diesem Ausflug bestimmt nicht lange überredet werden: In den Hallen des Automobilmuseums im hübschen Dorf Amerang stehen über 200 Fahrzeuge aus der deutschen Autogeschichte. Genauso attraktiv: die größte Modelleisenbahn der Welt in Spurgröße 2. Insider Tipp Vor herrlich realistischen Szenarien im Stil der 1960er-Jahre verlaufen sage und schreibe 650 m Gleise. Vorführung stündlich! *April bis Okt. Di–So 10–18 Uhr, Erwachsene 6,50, Kinder 3,20 Euro, Amerang, Wasserburger Str. 38, www.efa-automuseum.de*

## BERCHTESGADENER LAND

**Almbachklamm** **[115 E2]**
Kinder, die der Meinung sind, Bergsteigen sei »doof«, werden in der

*Kutschfahrten sind ein besonderer Spaß für Kinder*

wildromantischen Almbachklamm bei Berchtesgaden garantiert zu begeisterten Alpinisten. In Zigtausenden von Jahren hat der Almbach eine tiefe, steile Schlucht in den felsigen Grund des Untersberges gegraben. Er stürzt über gewaltige Wasserfälle und sammelt sich in Gumpen genannten Felsaushöhlungen. Ein 3 km langer Weg führt durch die Almbachklamm – doch was für ein Weg! 29 Holz- und Eisenbrücken, 320 Stufen und 168 Nischenwege waren nötig, um der Steigung von 200 m und dem oft nur 3 m breiten Bachbett gerecht zu werden. Obwohl der Weg einfach zu gehen und mit Geländern und Drahtseilen gesichert ist, hinterlassen die schluchtartigen Felswände, das Donnern und Sprühen der Wasserstürze bleibende Eindrücke und einen Hauch von Abenteuer. Die Schlucht ist etwa von Mai bis Oktober begehbar. *An der Straße Unterau–Marktschellenberg*

**Salzbergwerk Berchtesgaden** **[115 E2–3]**

★ Wie kommt das Salz ins Meer? Das können die Bergleute, die durch das Berchtesgadener Salzbergwerk führen, vermutlich auch nicht erklären. Aber dafür wissen sie sonst so ziemlich alles über die Salzgewinnung, die in diesen Stollen seit 1517 praktiziert wird. Der Rundgang unter Tage beginnt damit, dass sich die Gäste traditionelle Bergmannsanzüge überstreifen. Dann geht's mit der Grubenbahn viele Hunderte Meter ins Berginnere hinunter, wo eine endlos lange und herrlich steile Rutsche weiter abwärts führt. Kein Kind, das nicht bereits nach diesem Einstieg restlos begeistert wäre! Auch ein Film wird gezeigt. *Mai–15. Okt tgl. 9–17, 16. Okt.–April Mo–Sa 11–15 Uhr und nach Bedarf, Erwachsene 12,90 Euro, Kinder 7,50 Euro, Berchtesgaden, Bergwerksstr. 83, www.salzbergwerk-berchtesgaden.de*

# Angesagt!

**Was Sie wissen sollten über Trends, die Szene und Kuriositäten im Chiemgau**

## Am liebsten live

Zither und Hackbrett galten früher als Inbegriff der Musikkultur des bayerischen Oberlandes. Heutzutage zieht es die Jugend statt zur Stubnmusi ins Popkonzert. In Übersee am Chiemsee z. B. hat sich ein international bedeutendes Reggae-Festival *(www.chiemsee-reggae.de)* etabliert. Während des

Festivals verwandelt sich die große Liegewiese an der Achenmündung in eine Art Woodstock: Drei Junitage lang hören Leute aus der ganzen Region Musik, tanzen – und übernachten. Beim *Sternenzelt (www.sternenzelt.com)* in Bad Reichenhall wiederum, einer vierzehntägigen Großveranstaltung im Mai, treten in einem riesigen, roten Musikzelt Weltstars wie Bob Geldof und Paolo Conte sowie (eher bundesweit bedeutsam) Sabrina Setlur und *Die Ärzte* auf.

## Hangout Bierzelt

Im Sommer, wenn jedes Städtchen irgendwann zum Volksfest lädt, wenn Fahnenweihen und Feuerwehrfeste gefeiert werden: Ein Bierzelt gehört immer dazu. Und im Bierzelt trifft man sich. Mit den Freunden, um eine Maß zu trinken oder zwei, um zu sehen und gesehen zu werden, um Bands wie *Bitter Lemon* zuzuhören, die die Hits nachspielen. So ist es immer gewesen, so wird es ewig bleiben!

## Dialekt ist cool

Der junge Priener mag ein Ziegenbärtchen tragen, gepiercte Körperteile zur Schau stellen und eine Tätowierung und sich auch sonst als Bewohner des *global village* ausweisen. Doch er wird bayerisch reden und stolz darauf sein. Denn die Zeiten, in denen schwer bayerischer Zungenschlag als karriereschmälernd und uncool galt, sind längst vorbei.

## Boarder-Cracks

Die Hipster boarden, und wenn sie nicht selbst boarden, dann sehen sie anderen zu. Zum Beispiel beim Snowboard FIS Weltcup, der jeden Januar in Berchtesgaden an den Pisten am Götschen stattfindet – samt großer Boarder-Night natürlich. Ein Treff für junge Leute aus ganz Oberbayern.

# Von Anreise bis Wetter

**Hier finden Sie kurz gefasst die wichtigsten Adressen und Informationen für Ihre Chiemgaureise**

## ANREISE

### Auto

Zum Chiemsee und ins Berchtesgadener Land geht es ab München über die Salzburger Autobahn (A 8). Nach Mühldorf, Altötting und Burghausen fährt man ab München schneller über die B 12 in Richtung Passau.

### Bahn

Ausgangspunkt ist das Drehkreuz München. Am Hauptbahnhof beginnen die Strecken sowohl nach Wasserburg–Burghausen als auch über Rosenheim, Prien und Traunstein bis nach Salzburg. Mit Umsteigen erreicht man mit dem Salzburg-Zug auch das Berchtesgadener Land. Autoreisezüge aus Deutschland halten in München nicht am Haupt-, sondern am Ostbahnhof!

### Flugzeug

Für Reisende ins Berchtesgadener Land und in den Rupertiwinkel bietet sich der Salzburger Flughafen als nächstliegende Lösung an. Sehr viel häufiger angeflogen wird allerdings der Münchner Großflughafen in Erding, 30 km nordöstlich der Stadt gelegen. Von hier aus kommt man entweder mit dem Mietwagen weiter – oder mit der S-Bahn in 40 Minuten bequem zum Hauptbahnhof.

## AUSKUNFT

### Tourismusverband München-Oberbayern

*Bodenseestr. 113, 81243 München, Tel. 089/829 21 80, Fax 82 92 18 28, www.oberbayern-tourismus.de*

### Verkehrsverband Chiemgau

*Ludwig-Thoma-Str. 2, 83278 Traunstein, Tel. 0861/582 23, Fax 642 95, www.tourismus-chiemgau.de*

### Kurdirektion Berchtesgadener Land

*Königsseer Str. 2, 83471 Berchtesgaden, Tel. 08652/96 70, Fax 96 74 00, www.berchtesgadener-land.com*

## BERGWACHT

Mit der Bergwacht hat das Bayerische Rote Kreuz einen Rettungsdienst eingerichtet, der über 300 Hilfs- und Meldestellen besitzt. Bergwachtler haben schon vielen leichtsinnigen Bergsteigern das Leben gerettet. Für den Fall der Fälle sollten Sie deshalb bei größeren Touren vorher im Hotel Bescheid sagen und die geplante Route angeben! *Tel. 089/427 18 30, www.bergwacht.de*

## CAMPING

An die 40 Campingplätze bieten sich im Chiemgau und im Berchtesgadener Land allen Urlaubern an, die gern zelten oder mit dem Wohnwagen reisen. Nähere Informationen: *Deutscher Camping Club, Mandlstr. 28, 80802 München, Tel. 089/380 14 20, Fax 33 47 37, www.camping-club.de*

## EINTRITTSPREISE

Sparen macht Spaß: Mit der *Chiemgau-Gästekarte,* die kostenlos bei den Verkehrsämtern erhältlich ist, gibt es jede Menge lohnende Ermäßigungen in Museen, Bädern und Sporteinrichtungen. Mit Kombitickets wie dem *Pisten-Therme-Ticket* spart man bei Skipass und Thermalbad.

## INTERNET

Virtuell sind Chiemgau und Berchtesgadener Land hervorragend erschlossen. Die informativsten Adressen: *www.chiemsee.de* mit aktuellen Events, Ticket-Hotline, Zimmersuche und multimedialen Themenspecials; *www.chiemsee-gast.de* lässt Surfer in über 1000 Beherbergungsbetrieben stöbern; *www.chiemgau-tourismus.de* hat ein großes Bildarchiv, Webcam und bietet viele Links zu den einzelnen Ferienorten. *www.berchtesgadener-land.com* ist eine preisgekrönte, optisch sehr gelungene und sehr informative Adresse, die intelligent aufgebaut ist und auch noch schnell lädt.

## INTERNETCAFÉS

Gut ausgestattete Internetcafés sind in der Region nur in geringer Zahl vorhanden. Eine nette Adresse ist der *Karibik Internet Pub* in Waldkraiburg, wo man an sieben PCs für 2 Euro pro Stunde surfen kann. Dazu gibt's Musik, Billardtische, gemütliche Hollywoodschaukeln und Wodkaspezialitäten (die Besitzer kommen aus Russland!). *Erzgebirgsstr. 16, Tel. 08638/88 51 62, Mo–Do 15–1 Uhr, Fr und Sa 15–3 Uhr, So 16–1 Uhr*

## JUGENDHERBERGEN

Jugendherbergen gibt es in Berchtesgaden, Burghausen, Mühldorf, Prien und Traunstein. Altersgrenze: 26 Jahre!

**Deutsches Jugendherbergswerk**
*Landesverband Bayern, Mauerkircherstr. 5, 81679 München, Tel. 089/922 09 80, Fax 92 20 98 40, www.jugendherbergen.de*

## KIRCHEN

Die Kunstwerke und Sehenswürdigkeiten in Kirchen und Kapellen möchten sich kunstsinnige Besucher verständlicherweise ungern entgehen lassen. Umso härter kommt es sie an, wenn sie – vor allem in abgelegeneren Regionen – vor verschlossener Kirchentür stehen. Hier wenden sie sich am besten an das Pfarrhaus, den Messner oder an das nächstgelegene Wirtshaus. Wer freundlich fragt, bekommt auch einen Schlüssel!

## Was kostet wie viel?

| | |
|---|---|
| Kaffee | **2,90 Euro** für ein Kännchen |
| Bier | **6 Euro** für eine Maß im Biergarten |
| Imbiss | **2 Euro** für eine Leberkäs-Semmel |
| Seilbahn | **9,50 Euro** für eine Fahrt |
| Fahrrad | **7 Euro** Miete für einen Tag |
| Schiff | **ab 2,40 Euro** für eine Dampferfahrt |

## LITERATURTIPPS

Die perfekte Lektüre für einen geruhsamen Chiemgau-Urlaub sind *Seehamer Tagebuch* und *Ein Baum wächst übers Dach* von Isabelle Nadolny. Insider Tipp Liebe- und humorvoll beschreibt die Münchnerin das Leben einer Familie in einem eigentlich nur als Ferienquartier gedachten Holzhäuschen am Chiemsee. Das Leben und Schicksal des unvergessenen Arztes und Apothekers schildert Carl Oskar Renner in *Der Müllner Peter von Sachrang*. Freunde des literarischen Alpenglühens und der hochländischen Herzogenwelt werden ihr Glück in den gesammelten Werken von Ludwig Ganghofer finden. Tipp: *Der Edelweißkönig!*

## NOTRUF

Polizei und Krankenwagen: *Tel. 110,* Feuerwehr: *Tel. 112.* Alpines

Notsignal: innerhalb einer Minute sechs optische oder akustische Zeichen in möglichst regelmäßigen Abständen geben. Eine Minute Pause, dann wiederholen. Geantwortet wird mit drei in gleichen Abständen pro Minute gegebenen Zeichen.

## POST

Unter der Woche haben die Postfilialen in der Regel von 8 bis 12 Uhr und von 14 bis 18 Uhr geöffnet, Sa von 9 bis 12 Uhr.

## REISEZEIT

Schön ist die Region das ganze Jahr über, abgesehen vom grauen November und vielleicht auch vom Juni, weil es da erfahrungsgemäß am allermeisten regnet. Der Sommer ist ein Traum. Es sollte einem zu denken geben, dass viele Münchner im bayerischen Ferienmonat August nicht verreisen. Warum? Weil es nirgendwo schöner ist als an den oberbayerischen Seen, in den Biergärten, auf den Dorffesten. September und Oktober mit ihren klaren, frischen Tagen voll sanftem Sonnenschein dagegen sind ideal für Bergsteiger. Ende September, Anfang Oktober, wenn in München das Oktoberfest läuft, muss man allerdings mit Bettenknappheit bis in den Chiemgau hinein rechnen.

## STURMWARNUNG

Der Chiemsee kann bei Sturm sehr gefährlich werden. Deshalb sollte man die optischen/akustischen Warnsignale sehr ernst nehmen und sich sofort an Land begeben.

## TELEFON & HANDY

Im Vorgebirgs- und Flachland ist der Handyempfang durchgehend sehr gut. Kein Verlass auf ein Netz ist allerdings im Gebirge, wo Funklöcher ebenso typisch sind wie Gipfelkreuze.

## Wetter in Berchtesgaden

| | Jan. | Feb. | März | April | Mai | Juni | Juli | Aug. | Sept. | Okt. | Nov. | Dez. |
|---|---|---|---|---|---|---|---|---|---|---|---|---|
| Tagestemperaturen in °C | 2 | 4 | 9 | 13 | 17 | 20 | 22 | 22 | 19 | 14 | 8 | 3 |
| Nachttemperaturen in °C | –6 | –5 | –2 | 2 | 6 | 10 | 11 | 11 | 8 | 3 | –1 | –5 |
| Sonnenschein Std./Tag | 2 | 3 | 4 | 5 | 5 | 6 | 6 | 6 | 5 | 4 | 2 | 2 |
| Niederschlag Tage/Monat | 15 | 15 | 16 | 17 | 19 | 21 | 20 | 19 | 14 | 13 | 14 | 16 |

# Reiseatlas Chiemgau

Die Seiteneinteilung für den Reiseatlas finden Sie auf dem hinteren Umschlag dieses Reiseführers

# Kartenlegende Reiseatlas

|  |  |  |
|---|---|---|
| Autobahn · Gebührenpflichtige Anschlussstelle · Gebührenstelle · Anschlussstelle mit Nummer · Rasthaus mit Übernachtung · Raststätte · Kleinraststätte · Tankstelle · Parkplatz mit und ohne WC | Trento 11 P P | Motorway · Toll junction · Toll station · Junction with number · Motel · Restaurant · Snackbar · Filling-station · Parking place with and without WC |
| Autobahn in Bau und geplant mit Datum der Verkehrsübergabe | Datum Date | Motorway under construction and projected with completion date |
| Zweibahnige Straße (4-spurig) | | Dual carriageway (4 lanes) |
| Fernverkehrsstraße · Straßennummern | 14 E45 | Trunk road · Road numbers |
| Wichtige Hauptstraße | | Important main road |
| Hauptstraße · Tunnel · Brücke | | Main road · Tunnel · Bridge |
| Nebenstraßen | | Minor roads |
| Fahrweg · Fußweg | | Track · Footpath |
| Wanderweg (Auswahl) | | Tourist footpath (selection) |
| Eisenbahn mit Fernverkehr | | Main line railway |
| Zahnradbahn, Standseilbahn | | Rack-railway, funicular |
| Kabinenschwebebahn · Sessellift | | Aerial cableway · Chair-lift |
| Autofähre | | Car ferry |
| Personenfähre | | Passenger ferry |
| Schifffahrtslinie | | Shipping route |
| Naturschutzgebiet · Sperrgebiet | | Nature reserve · Prohibited area |
| Nationalpark, Naturpark · Wald | | National park, natural park · Forest |
| Straße für Kfz. gesperrt | | Road closed to motor vehicles |
| Straße mit Gebühr | | Toll road |
| Straße mit Wintersperre | XII-II | Road closed in winter |
| Straße für Wohnanhänger gesperrt bzw. nicht empfehlenswert | | Road closed or not recommended for caravans |
| Touristenstraße · Pass | Weinstraße 1510 | Tourist route · Pass |
| Schöner Ausblick · Rundblick · Landschaftlich bes. schöne Strecke | | Scenic view · Panoramic view · Route with beautiful scenery |
| Heilbad · Schwimmbad | | Spa · Swimming pool |
| Jugendherberge · Campingplatz | | Youth hostel · Camping site |
| Golfplatz · Sprungschanze | | Golf-course · Ski jump |
| Kirche im Ort, freistehend · Kapelle | | Church · Chapel |
| Kloster · Klosterruine | | Monastery · Monastery ruin |
| Schloss, Burg · Schloss-, Burgruine | | Palace, castle · Ruin |
| Turm · Funk-, Fernsehturm | | Tower · Radio-, TV-tower |
| Leuchtturm · Kraftwerk | | Lighthouse · Power station |
| Wasserfall · Schleuse | | Waterfall · Lock |
| Bauwerk · Marktplatz, Areal | | Important building · Market place, area |
| Ausgrabungs- u. Ruinenstätte · Bergwerk | | Arch. excavation, ruins · Mine |
| Dolmen · Menhir · Nuraghen | | Dolmen · Menhir · Nuraghe |
| Hünen-, Hügelgrab · Soldatenfriedhof | | Cairn · Military cemetery |
| Hotel, Gasthaus, Berghütte · Höhle | | Hotel, inn, refuge · Cave |
| **Kultur** | | **Culture** |
| Malerisches Ortsbild · Ortshöhe | WIEN (171) | Picturesque town · Elevation |
| Eine Reise wert | ★★ MILANO | Worth a journey |
| Lohnt einen Umweg | ★ TEMPLIN | Worth a detour |
| Sehenswert | Andermatt | Worth seeing |
| **Landschaft** | | **Landscape** |
| Eine Reise wert | ★★ Las Cañadas | Worth a journey |
| Lohnt einen Umweg | ★ Texel | Worth a detour |
| Sehenswert | Dikti | Worth seeing |
| **Ausflüge & Touren** | | **Excursions & tours** |

DORFEN
(464)
Sankt Maria
Zeilhofen
Oberdorfen
Kloster Moosen
Wasen-Tegernbach
Schwindegg
Polding
Obertaufkirchen
(456)
Kothingdorfen
Hassenham
Walkersaich
Unterkagn
Ziegelsham
Oberseebach
Kirchstetten
Lengdorf
Watzling
Lappach
Hausmehring
Oberhausmehring
Reibersdorf
Rottenbuch
Allersheim
Rimbach
Pfaffenkirchen
Mesmering
Pietsham
Mimmelheim
Klebing
Tiefenbach
Kopfsburg
Pfaffing
Lindum
Oberstollnkirchen
Fürth
Oberschiltern
Schwindkirchen
Mainbach
Friedlrimbach
Frauenornau
Deutenheim
Kehrham
Badberg
Goldach
Armstorf
Sankt Colomann
Gmain
Mitterrimbach
Oberrimbach
Steinkirchen
Stierberg
Rattenkirchen
Herrnberg
Kleinschwindau
552
Parschenberg
Grüngiebing
Hofgiebing
Weiher
505
Thann
Hofstetten
Wald
Lacken
Großschwindau
17
Jeßling
Zettl
Niederham
Kirchkagen
Eitzing
Sollach
Bergham
Schönfleck
Sankt Wolfgang
(508)
Burdberg
Ratzenberg
Annabrunn
Emplin
Ramering
554
Taxberg
Unterthalham
Lappach
Gassen
Frühmannstett
Schedenberg
Stockham
Oberornau
Riedbach
Bürg
Aschberg
Thal
Wernhardsberg
Rattenberg
Straßberg
Hub
Klaus
616
Baier
Fürholzen
Schönbrunn
Oberbergham
Bergham
32
Reichertsheim
Irling
Blümstatt
Tödtenberg
Kopfsöd
Willmating
Deutsche Ferienroute Alpen-Ostsee
Osen
Omaubach
Thonbach
Pyramoos
Hinterthan
Aign
Thambach
Oedgassen
598
Berging
Giglberg
Holzhäusl
Öd
Asen
607
Tiefenstätt
Höhenberg
Trescherberg
Loiperstett
617
Moosham
Diezmanning
615
Kirchdorf
Weingarten
Schnaupping
640
Winden
Berg
Ramsau
Reit
Berg
Oberndorf
Haag
(540)
in Oberbayern
Rainbach
Furth
Schlicht
Höfen
Osterreit
Wörth
Stampfl schloss
Weiher
Lacken
Gassen
Sinkenbach
E552
555
Schachenwald
Lerchenberg
Limberg
Hörwart
Huttenstätt
Mariä Himmelfahrt
Stadel
Agg
Niesberg
Thal
Etschlohe
Rosenberg
Brand
Altdorf
Anfelden
Bobenstätt
Gars
am Inn
(447)
Thal
3
Oed
Straßmaier
593
Innach
Haslach
Joppenpoint
Aicha
Mayrhof
Dörfl
Hampersberg
Gars Bahnhof
Mailham
Maitenbeth
Goldbrunn
Thonbach
Reit
Neuberg
Oberhart
Unterhart
519
Bergholz
453
Eichen-Au
Burgstall
Elsbeth
624
Marsmeier
Brandstätt
Altrosenberg
Röhrmoos
Lengmoos
Vordersberg
Großhaager Forst
Honau
Nußbaum
Hintersberg
Allmannsau
Bernstatt
Hub
Stadl
Rechtmehring
Mühltal
Wang
Wimm
Gipfmehring
Reiching
Kasten
Kobel
Freiberg
Dirnberg
535
Schart
Freimehring
15
Hub
Christoph
Albaching
(513)
Berg
Furth
Hart
Brunnthal
Weidgarten
Soyen
(478)
Hohenburg
Mernham
Stangenberg
581
Irlham
Wall
Reitseifsieden
Schacha
Berg
Lungenstett
Fischbach
Soyensee
Schambach
Nemeden
Pertlsham
Weikertsham
Griesmeier
Kirch
Unterseifsieden
Zell
Fuchsthal
Aign
Mammerstätt
14
Seeburg
Kitzberg
Holzen
Hopfgarten
Ebrach
Utzenbichl
Oed
Strohreit
Rieden
Rieden
Tötzham
Reith
Thal
Gröben
Unterunterach
Buchsee
Troitsham
502
Bärnham
Babensham
4
Oberunterach
Forsting
Kirchreit
Puttenham
Gumpertsham
304
Oberhub
Unterhub
Fußstätt
510
Zell
Odelsham
Würmertsham
Riepertsham
Altbabensham
Allersing
Tulling
Springlbach
Brandstätt
Steppach
WASSERBURG
am Inn (427)
Penzing
Sillerding
Edenkling
Elchering
Obermoos
Oed
Ötz
Staudhamer See
Kroit
Neudeck
Brudersham
Untermoos
Ried
Nederndorf
Sankt Jakob
Straß
Schönberg
Reichertsham
Hilgen
Edling
Gabersee
Langwied
Weiglham
Pfaffing
Reitmehring
Berg
Erpertsham
Oberübermoos
Dirnhart
Weikertsham
Gammersham
503
Mais
Werfling
Unterübermoos
Viehhausen
Inn
Höhfelden
Eiselfing
Bachmehring
Kircheiselfing
Streit
Köckmühle
Steinhart
Eschlbach
Breitbrunn
Reisach
Kornberg
505
Limburg
Attel
Freiham
Hafenham
Hebertsham
Osendorf
Stephanskirchen
Faßrain
502
Oberöd
Hart
Roßhart
500
Alteiselfing
Achen
Durrhausen
5
Graben
Zellerreit
Rettenbach
Unterröd
Oberndorf
Lehen
Oberfarrach
Unterfarrach
Allmannsberg
Hausmehring
Thalham
Evenhausen
Halfurt
Aschau
Ramerberg
Kloster-K. Sankt Michael
Kerschdorf
Bergham
Osenham
Pfaffing
Unterreit
Obersur
Gunzenrain
Sendling
Altenhohenau
482
Laiming
Aham
Dinding
Maierbach
490
Obersaurain
Oberloben
Klosterkirche
Sankt Peter u. Paul
Raming
Esterndorf
506
Unterloben
Kettenham
Moosham
Murn
24
Mooshamm
Kamm
Emmering
Untersaurain
Meiling
Griesstätt
(492)
Breitenbach
Frieberting
Ullerting
Amerang
Bruckhof
Schalldorf
Zainach
Rott
am Inn
(481)
Kolbing
Bergham
Schonstett
Amerang See
Schloss
Oldtimer
Taiding
Hofberg
Wurzach
ehem. Klosterkirche
St. Marinus u. Anianus
Goßmaning
Weichselbaum
496
Zillham
Zillhamer See
Unterratting
Oberratting
Obermühle
Manglham
Lengdorf
Berg
Haid
Wörlham
Helperting
Freiwölkham
Thalham
Untergebertsham
6
Angelsbruck
Arbing
Feldkirchen
Weng
Viehhausen
Unterwindering
Gunzenham
Wolkham
Moos
(502)
Ritzmehring
Hart
Holzhausen
Oberwindering
Lungham
Sonnendorf
Halfing
Oettendorf
Lampferding
Ramerberg
110
Unterwöhrn
Sunkenroth
106
Vogtareuth
Viehhausen
Könbarn
Sankt Mariae
Sonnering
Hochstätt
Friesing
Oberwöhrn
Egg
Holzham
Dielstein

Stefanskirchen
Salmanskirchen
Aidenbach
Palmberg
Genzing
Moosen
Kaps
Weilkirchen
Zangberg
Lochheim
MÖSSLING
Frixing
Maxing
Günzkofen
Mettenheim
Neufahrn (410)
Harthausen
2006
3km
TÖGING
(397) am Inn
HART
Hirsch
Innwerk
Eigelsberg
Ampfing
(415)
Weidenbach
Söllerstadt
Hart
Wimpasing
Niederheldenstein
Notzen
Schicking
ALTMÜHLDORF
Kloster Ecksberg
Sankt Nikolaus
HÖLZLING
Höchfelden
Töginger Au
Heldenstein
Reit
Weiding
Kühham
Etzham
Goldau
Eichheim
Rabein
MÜHLDORF
am Inn
E552
Ehring
Dietlham
12
Haigerloh
Dirlafing
Mühldorfer
Hart
384
Gweng
Annabrunn
Seeor
Gießen
(383)
Lauterbach
Moos
Tüßling
(406)
Glatzberg
WALDKRAIBURG
Oberflossing
Unterflossing
Monham
Polling
449 (411)
Innwerkkanal
Ebing
Litzlkirchen
(434)
Roßessing
Thann
(457)
Mauerschwang
Obermooshamm
Grünbach
Bergham
Mörmoosen
PÜRTEN
Inn
Ensfelden
Guttenburg
Frauendorf
Klugham
Holzhausen
Münchberg
Aschau
am Inn
Kemating
Troibach
Bergham
Asbach
SANKT ERASMUS
Ensdorf
Wimpasing
Berg
Lenzwald
465
Mayerhof
Auersdorf
Moos
Wald
Obermörmoosen
Hager
Unterdorf
Walding
Oberneukirchen
Fraham
Hausing
Maximilian
Kraiburg
am Inn (415)
Lohen
Oberdorf
Reith
Hartberg
Neukerfen
Forsting
Jettenbach
Pietenberg
485
Lanzing
Kolbing
Wimm
Emehrer
Harrer
Mauerberg
Grafengars
Piesenham
Franking
Fraham
Englhausen
Taufkirchen
Dörfl
Fürst
Bennoberg
Lehen
Eigelwald
Pierach
Pettenham
Schergenham
Haunthal
Unterwallner
Oed
Spiegelsberg
Unterzarnham
Ulrading
Oberzarnham
Gmein
Einharting
Gallenbach
Ausleiten
Garching
(457) an der Alz
Grünthal
Sonham
Spielbichl
Dorf
Harrer
Obergarching
Schnabling
30
Grub
Schatzwinkel
Unterbierwang
Oberbierwang
591
Zeiling
Gröben
Reit
Geisberg
Zeilerer
Höllhund
Eiting
Lindach
Engelsberg
Wölkham
Inhausen
Stecken
529
Brunnthal
Unterreit
(492)
Titlmoos
Gallenbach
517
Bichl
Burgstall
Klugham
Reit Forsting
Kühberg
Maisenberg
Offenham
Wiesmühl
Stadlern
Kappeln
Waldhausen
Liebharten
Holzen
Maierhof
Ponthal
Schabing
Höbering
Ellerting
Herbstham
Ed
Eck
Kainau
Schrankbaum
Stadler
Unterbrunnham
Edelham
627
Buchet
Lampertsham
Köhldorf
520
Maierhof
Eden
Sankt Alban
546
Peterskirchen
Fellern
Schönlinden
Oberbrunnham
Geberting
299
Mankham
Stangern
Kolbing
653
Berg
Garting
Oberhof
Walthlam
Rumering
Spiegelsberg
Hirschham
Wartmoning
Pinzgau
Hütting
(473)
Feichten
an der Alz
Schnaitsee
(608)
Schabingsföhr
Götzberg
Axtham
Harpfing
Westerholz
Buch
Altenham
Emertsham
Schweinberg
Berg
Tacherting
Eberting
Maierstetten
557
Laab
Reicherting
Witzmoning
Biburg
Schalchen
Pfeisenham
Schabinghof
Rupertsham
Poschen
Kirchstätt
Oed
Kirchstätt
Mauern
508
Ruppling
Arfling
Heretsham
Schönreit
5
TINNING
OBERFELDKIRCHEN
Bergham
Eggerding
Mantelsham
Holzhausen
Oeden
Helming
Schönberg
Perating
NUNBICHL
KALTENBRUNN
WÄSCHHAUSEN
HEIL
Sandgrub
Ginzing
Gattenham
Schmidham
Seppenberg
Hainham
Randling
Kienberg
(556)
DEISENHAM
EGLSEE
DEINTING
(527)
Kirchensur
Sinzing
620
Gallertsham
Kafterbaum
Kendling
Honau
Bernbichl
Siboling
Gigling
Simering
WIMM
TROSTBERG
(492)
Oberpirach
Unterpirach
Ortmaring
Sonnau
Rampertskirchen
Pößmoos
Gauing
Irschenham
Frühling
Frabertsham
592
Lindach
Stockham
Unterhilgen
Glött
Engertsham
Allertsham
Reiterberg
Rumersham
Schalkham
Bernhaiming
Großornach
Viehhausen
Oberhilgen
546
Kirchberg
SCHWARZAU
DIEDING
ASPERTSHAM
Albertaich
Deutsche Ferienroute Alpen-Ostsee
577
Roitham
1
Pfaffing
Obinger See
Kleinornach
Sankt Wolfgang
304
Berg
Thalham
(500)
Altenmarkt
an der Alz
Ilzham
Obing
(561)
Kleinbergham
Sankt Jakob
Rabenden
(541)
Rupertsdorf
Massing
Kloster-K. St. Marg. Baumburg
Burgberg
Pirach
Gramelberg
Herndling
Aiglsham
Haiming
Landertsham
Roitham
STEIN
(507)
Taubensee
Großbergham
Griessee
Brunnensee
Engering
Schachen
Bürghub
Eglhart
Grassach
ANNING
Altersham
Aindorf
Fachendorf
(563)
Seeleitensee
Klosterk. St. Lambert
Seeon
Höllthal
11
Diepling
Offling
Irsing
Pittenhart
Niederbrunn
Wattenham
Klostersee
Niesgau
Alz
Hinzing
Nöstlbach
Straß
551
Perading
Haßmoning
ST. GEORGEN
Taxenberg
Fremdling
Wimm
Oberbrunn
541
Ischl
Döging
Walding
Traun
HÖRPOLDING
Racherstfelden
Ischler Achen
Seilerberg
Pattenham
NEUDORF
521
Höslwang
(594)
Aufham
Niederham
Eschenau
Pavolding
Roitham
Pullach
Truchtlaching
Eberl
Nunhausen
Oderberg
Gachensolden
Bachham
531
Stöffling
Castrum
Kainading
Knesing
107
111

Töging
(397) am Inn
Hart
Winhöring
Peter und Paul
Stein-höring
Burg
Holzen
Eisenfelden
Westerndorf
Kager
Perach
Steinbach
Niederperach
Günzkofen
Aufham
Maxing
Schmidstock
Enhofen
Kronberg
Unterau
Unter-eschelbach
Sankt Johann
Mitter-hausen
Roja
Jaubing
Alzgern
Neuötting-Ost
Neuötting
(392)
Innwerk
Inn
Hirsch
Hölz-ling
Höch-felden
Töginger Au
Ober-holzhausen
Unter-holzhausen
Sankt-Anna-Kirche
Lehner
Oböreschelbach
Sankt Nikolaus
Weiding
Dietlham
Ehring
Marienfeld
Staudham
Teising
Panorama
Heilige Kapelle
Stiftskirche
412
Öttinger Forst
Moos
Monham
Tüßling
(406)
Heiligenstatt
Mörnbach
Burgkirchen
Wallner
Sankt Rupert
Buch
Unter-schlottham
Ober-schlottham
Altötting
(404)
Unter-seng
Ober-seng
Emmer
Hohenwart
Polling
449 (411)
Bergham
Mörmoosen
Waltenberg
Kiefering
Kastl
Holzhausen
Münchberg
Wallering
Engolding
Auberg
Schmidhub
Bruck
Hintermehring
Wald
Ober-mörmoosen
Waltzgraming
Gasteig
Staudhub
End-felln
Pirach
Mehring
Burghausen
Interdorf
Walding
Oberneukirchen
Hager
Unterneukirchen
(460)
Kohlfuß
Hof
Straß
Hub
Gendorf
Kalteneck
Thalhausen
399
Brunn
Forsting
Kirmaier
Unter-grund
Hinter-berg
Dorfen
Burgkirchen an der Alz
(421)
Eschlberg
Mauerberg
Erlach
Obergünzl
Obergrund
Mühlthal
Guffham
Holzen
Höresham
Harrer
Benno-berg
Fürst
Lehen
Oed
Ausleiten
Alzkanal
Spiegels-berg
Hart
Rehdorf
Au
Schroffen
Hirten
Thal
Margarethen-berg
Engelsberg
Bergham
Schönberg
Pirach
Wallfahrtskirche M. Himmelfahrt
Willhartsberg
Marienberg
Garching (457) an der Alz
Ober-garching
Schnabling
Hartfeld
Lindach
Dorfen
Berg
Ströben
Schupfing
Zeitlarn
Biering
Dösham
Zäunach
Peising
Hochöster
Unter-hadermark
Klosterkirche
Wald
Alz
Schachen
Schmidham
Kronhub
Wechselberg
486
Engelsberg
Wölkham
Inhausen
Stecken
529
Neukirchen
Nieder-hofen
Oberwinkl
Halsbach
Birnbaum
Reit
Dorfen
364
Ob
Brunnthal
Wiesen
Groß-schleberg
Hollerberg
Schwaben-landl
Offenham
Thann
Brandhub
Nonnreit
Sankt Radegund
Schabing
Höbering
Wiesmühl
Eschetshub
Oberleiten
Edt
Reising
Hofschalling
Asten
Ranharting
Hadermarkt
Ober-brunnham
Unter-brunnham
Ellerting
Edelham
Fernreith
Loah
Brunn
Laufing
Schwaig
Geberting
Mankham
Wallf.-K. Sankt Vitus
M. Himmelf.
Kirchweidach
(503)
Kraham
Stock-ham
Ginshöring
Salzach
Hütting
(473)
Feichten an der Alz
Ober-weidach
Bruntal
Bicheln
Ober-schnitzing
Unter-schnitzing
Leitgering
(387)
Tittmoning
Ettenau
Tacherting
Eberting
Laab
Schalchen
Gigling
Günzel-ham
Kienertsham
Roidham
Tyrlaching
Moosen
509
Zaiselham
Wallmoning
St. Lorenz
Schönreit
Berg-ham
Weiding
Nieder-buch
Oberbuch
Emmering
Lanzing
Frosch-ham
Mühl-hamm
Bergham
Tinning
Perating
Wasch-hausen
Henntal
Heiligkreuz
Waltenham
Meggenthal
Hausmoning
Nun-bichl
Kalten-brunn
Egl-see
Hofstett
Wolfe-ring
Tyrlbrunn
546
Fridtsmoos
Ollerding
Guggenbg.
Kay
Hörzing
Stackendf.
Gramsam
Trostberg
(492)
Deinting
Wimm
Geiselfing
Schrecken-bach
Lohen
Ramsdorf
Holz-hsn.
Berg
Armuts-ham
Rohrigham
Heilham
Sieberöd
Kugelthal
Oberöd
Wiesmühl
Inzing
Mayerhofen
Schwarzau
Engerts-ham
Hilling
Stöttling
Baum-ham
Ober-sommering
Allerding
Ranham
Hörmets-ham
538
Holz-brunn
Unteröd
Weilham
Hof
Glött
Dieding
Asperts-ham
Gerharding
Unter-
Palling
(531)
Stalling
Unter-hafing
Ober-roidham
Mitter-roidham
Haus
Törring
Falting
(500)
Altenmarkt an der Alz
Thalham
Unter-roidham
509
Tengling
Harmoning
Burgberg
Pirach
Barmbichl
Höhen-stetten
Gengham
Ober-hafing
Lamperts-ham
Burg
Sankt Coloman
Wilgering
Roitham
Stein
(507)
Moosham
574
Unter-schilding
Polsing
Weitgassing
Salling
Schönhofen
Gessenhausen
Grassach
Anning
Ober-schilding
Brünning
532
Mauerham
Diepling
Offling
Irsing
Stein-eck
Katzwalchen
Limberg
Hör-gassing
Tachinger See
Traunreut
(553)
Ober-weißenkirchen
Mollstätten
(478)
Eging
Taching am See
Bicheln
Haßmoning
St. Georgen
Dieperting
Haunerting
Walding
Traun
Hörpolding
Ober-walchen
Kapelle Hurtöst
Wintermoning
Garscham
Unter-taching
Tettenhausen
Patten-ham
Neudorf
521
Pierling
Frühling
Kirch-stätt
Holz-hausen
Biburg
Tettenberg
453
Wolkers-dorf
Horn-kapelle
Nunhausen
Niedling
Tettel-ham
600
585
Scherzhausen
Kainrading
Knesing
Hörzing
Schloss Pertenstein
(571)
Froschham
Waging am See
Fisching
Gaden
E552
299
20
94
E10
112

Marktl
Stammham
Julbach
Ober-julbach
SIMBACH am Inn
Hitzenau
Arneding
Stölln
Machendorf
Kirchdorf
Berg am Inn
Ritzing
BRAUNAU am Inn
NEUE HEIMAT
HASELBACH
ÖSTREN-BG
RANSHOFEN
Zum Hl. Stephan
Zum Hl. Pankraz
HIMMEL-LINDACH
Lach
Aluminium-werk
Kühberg
Hofschallern
Bergham
Holzhausen
Niedergottsau
Thalweg
Deindorf
Inn
Strohham
Ramerding
SCHEUHUB
Eisching
Daxenthal
Unter-viehhausen
Ober-viehhausen
Winklham
Seibersdorf
Gstetten
Bergham
BLANKENBACH
Enknach
Vordorf
Moosen
Fahnbach
Haiming
Piesing
UNTER-ROTHENBUCH
ROITH
Lach
Forst
Kemerting
Hub
Mühltal
OBER-ROTHENBUCH
Unterer
Wiesmaier
Rittersberg
Enknach
Osterlehen
Neuhofen
Forst
Reith
Brunnthal
Kronleiten
Eisenhub
Überackern
Kreuzlinden
Bruck
Weilhart
Unter-guggen
Schmalzhofen
Schwand im Innkreis
Neukirchen an der Enknach
Friedrichsdorf
Weilhart-
Salzach
Ginshöring
Sieben-maiern
Vier-maiern
Spieglern
Stadlern
Dietzing
Endt
Weißer Schacher
Berndorf
Polzwies
Aigen
Grünhilling
Weidenthal
Kasdorf
Wurmshub
Hangöbl
Schützing
Stempfen
Burg
Duttendorf
Barsdorf
forst
Reith
Leimhof
Kölln
Ach
Dorfen
Antonius-kapelle
Gilgenberg-Revier
Röhrn
Adenberg
Sandtal
Ottendorf
Wanghausen
Oberkriebach
Staudach
Straß
Anferding
Holzgassen
Geretsdorf
Mitterndorf
Hopfersbach
Handenberg
Sankt Georgen am Fillmannsbach
Buch
Kälbermoos
Lindach
Hochburg-
Gilgenberg am Weilhart
Eckbach
Reith
Sengstadt
Unterweitzberg
Holzgassen
Mairhof
Groß-schieder
Feichten
Kleingollern
Thann
Lohnsberg
Großgollern
Weilhart-
Heimhausen
Unterhaunsberg
Haselreith
Viperkapelle
ÖSTERREICH
Webersdf.
Oberhaunsberg
Emerding
Wexling
Wiesing
Reith
Lehrsberg
Gundertshausen
Filial-K.
Hörndl
Leithen
Forst
Geretsberg
Aschau
Ersdorf
Werberg
Mühlberg
Eggelsberg
Aich
Tarsdorf
Hucking
Hofstadt
Heratinger See
Beckenberg
Mariae Himmelf.
Altheim
Z. hl. Andreas
Pippmannsberg
Höslrein
Dorfibm
Ibm
Feldkirchen bei Mattighofen
Eckldorf
Hofweiden
Winham
Fucking
Haid
Holzöster
Brunn
Seeleitensee
Kleinschäding
Oppelhausen
Renzlhausen
Felm
Sinzing
Ernsting
Marktl
Hehermoos
Franking
Buch
Ibmer
Habersdorf
Stadl
Primsing
Gstaig
Steinbach
Haigermoos
Hackenbuch
Moos
Moosdorf
Vormoos
Haiderthal
Ostermiething
Gumpling
Neuhausen
Eggenham
Weichsee
Jedendorf
Thalhausen
Weyer
Elling
Diepoltsdorf
Pfaffing
Loiders
Laubenbach
Waidmoos
Furkern
Lielonberg
Riedersbach
Trimmelkam
Dorfbeuern
Michaelbeuern
Nilling
Sdlg.
Seeleiten
Krögn
Helmberg
Holzhausen
Maxdorf
Stockham
Esterloh
Pietling
Kelchham
St. Pantaleon
Seethal
Sankt Felix
Schwerting
Weidenthal
Vorau
Brunn
Haslau
Königsberg
Strohhof
Niederau
Wildshut
Roding
Bruck
Asten
Schlipfing
Lauterbach
Oberau
Moospirach
Lamprechtshausen-
Reitsberg
Berndorf bei Salzburg
St. Georgen bei Salzburg
Reith
Bürmoos
Zehmemoos
Pinswag
Sankt Johann
Untergeisenfelden
Ölling
-Kirchendorf
Riedlkam
Eisping
Götzing
Schifferleiten
Sankt Alban
Reit
Eizing
Sporer-M.
Schmieden
Eitelsberg
Schwandt
Eching
Obergeisenfelden
Unterirlach
Steinbach
Großenegg
Neunteufeln
Oberarnsdorf
Altsberg
Irlach
Zeltsberg
Oberechling
Jauchsdorf
Niederarnsdorf
Rottstätt
Hipflham
Muttering
Lettensau
Loipferding
Aglassing
Reinberg
Nußdorf am Haunsberg
Lina
Gunsering
Göming
Wachtberg
Lackenbach
Berg
Vollern
Waidach
Absmann
Webersdorf
Eberding
Sankt Koloman
Lebenau-Forstgarten
Kirchgöming
Kemating
Bichlhaiden
Dürnberg
Kirchanschöring
Maria Bühel
OBERNDORF bei Salzburg
Groß-Ching
Kothaich
Eschelbach
LAUFEN
Redl
Straß
Stille-Nacht-Kapelle
Wimmgut
Au
Roth
Watzing
KULBING
ARBISBICHL
Sankt Pankraz
Schlößl
Reichersdorf
Kulbinger
WIEDMANNSBERG
Dorfleiten
Schörgstätt
3km

113

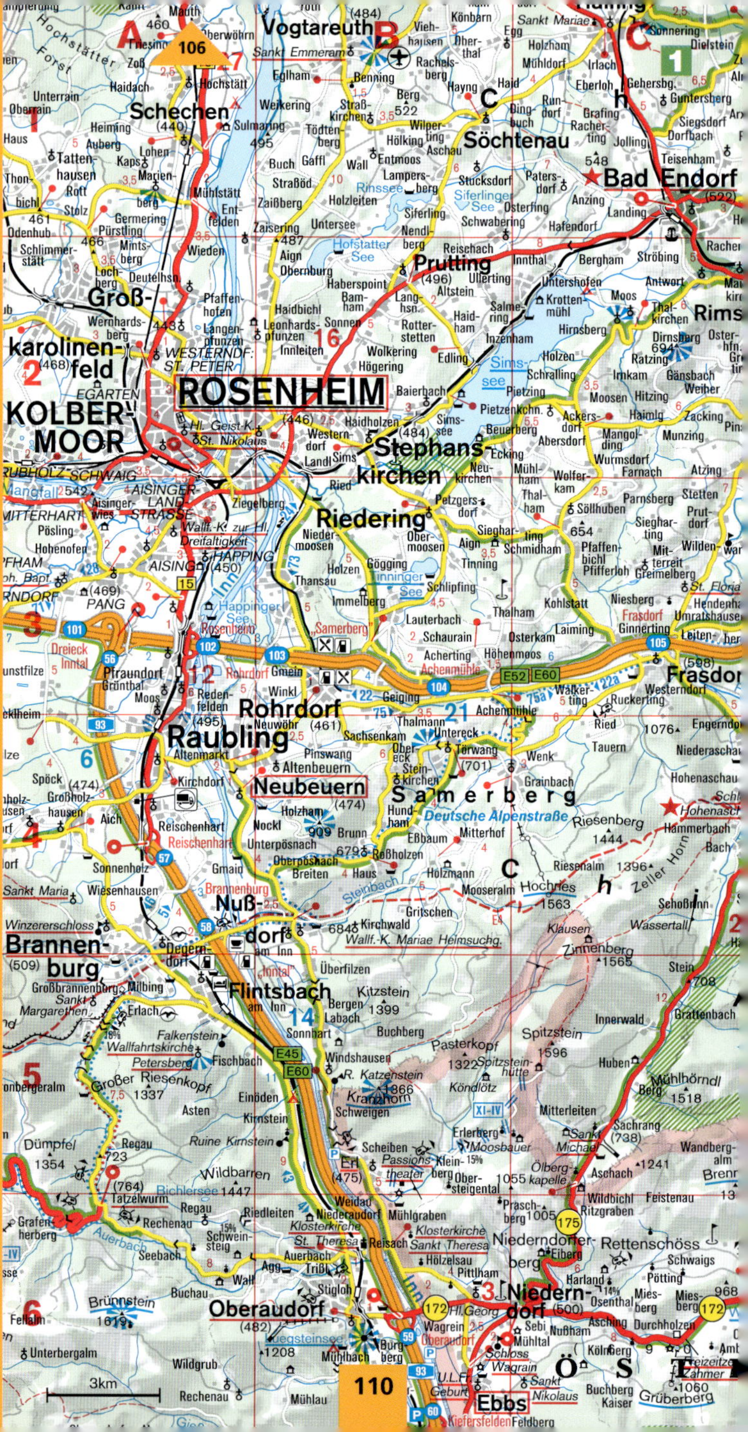
106
Vogtareuth
Schechen
Söchtenau
Bad Endorf
Prutting
Groß-karolinenfeld
KOLBERMOOR
ROSENHEIM
Stephanskirchen
Riedering
Simssee
Rims
Rohrdorf
Raubling
Neubeuern
Samerberg
Deutsche Alpenstraße
Frasdorf
Nußdorf am Inn
Brannenburg
Flintsbach am Inn
Oberaudorf
Niederndorf
Ebbs
Kiefersfelden
Hochries
1563
Großer Riesenkopf
1337
Wendelstein
Sachrang
Aschau
Kranzhorn
1366
Chiemsee
Inn
Hofstätter See
Rinssee
Siferlinger See
Happinger See
Tinninger See
Luegsteinsee
Wallf.-K. zur Hl. Dreifaltigkeit
Wallf.-K. Mariae Heimsuchg.
Wallfahrtskirche Petersberg
Klosterkirche St. Theresa
Passionstheater
Ruine Kirnstein
Bichlersee
Dreieck Inntal
Rosenheim
Samerberg
Achenmühle
Reischenhart
Brannenburg
Inntal
Oberaudorf
E45
E60
E52
3km
110

107

Seebruck
Eggstätt
Chiemsee
Chieming
Gstadt am Chiemsee
Breitbrunn am Chiemsee
Frauenchiemsee
Benediktinerinnen-Klosterkirche Sankt Maria
Herrenchiemsee
Schl. Herrenchiemsee
Krautinsel
Prien am Chiemsee
Grabenstätt
Übersee
Bernau am Chiemsee
Deutsche Ferienroute Alpen-Ostsee
Nußdorf
Aschau im Chiemgau
Grassau
Marquartstein
Unterwössen
Schleching
Reit im Winkl
Kössen
Staudach-Egerndach
Hochgern
Hochfelln
Kampenwand
Hochplatte
Deutsche Alpenstraße
Schwendt
Lofer
Hindenburghütte
Rachelspitz
Rehwaldkopf
Mühlprachkopf
Seegatterl
Schwarzlofertal
Dreiländerecke
Eggenalmkogel
Unterberghorn
Klobenstein
Entenloch-klamm
Taubensee
Weitsee
Mittersee
Wössener See
Tiroler Achen
Chiemgauer Alpen
Österreich

108
A
B
C
Waging am See
Waginger See
Petting
Kirchstein
Otting
Schloß Gessenberg
Fisching
Mühlberg
Hörzing
Niedling
Hurt
TRAUNWALCHEN
Biebing
Gerating
Oberaschau
KAMMER
Unteraschau
Kirchhalling
Wonneberg
Nußdorf
Rettenbach
Alterfing
Weibhausen
Plattenberg
Oberwendling
Egerdach
Fritzenweg
Voitswinkl
Roitwalchen
Trenk
Ettendorf
Haunerting
Hufschlag
Lacken
Lauter
Geiersnest
Hunkling
Wolfgrub
Solling
Fuchsreut
Rückstetten
St. Oswald
St. Vitus
Hallabruck
Oed
Thunstetten
Surberg
Diesenbach
Sankt Rupert
TRAUNSTEIN
Erlstätt
TRAUNSTORF
Einham
Staudach
Neuling
HASLACH
Axdorf
Vachendorf
Höfen
Mitterbichl
Hochberg
Abstreit
Bucheck
Knappenfeld
Hochhornberg
Adligstadt
Neukirchen
Achthal
Strußberg
Teisendorf
Stetten
Freidling
Surmühle
Oberteisendorf
Bergbaumuseum
Gschwend
Hub
Wimpasing
Traundorf
Stein
Traunstein/Siegsdorf
Sankt
Vogling
Johann
Ferienpark Vorauf
Thal
Weitwies
Atzlbachbrücke
Atzlbach
Niederreit
Oberreit
SCHWEINBACH
Georgen
Bergen
Schweinbach
Naturkundemuseum
Bernhaupten
Bad Adelholzen
Siegsdorf
Molberting
Frauenstätt
Feilenreit
Mauerriedl
Teisenberg
Stocka
Bergen
Alzing
Wolfsberg
Hachau
Hammer
Großer Kachelstein
Stoißer-A.
Stoißberg
Scharam
Spatzreit
Mauer
Deutsche Ferienroute Alpen-Ostsee
Hausen
Wallt.-K.
Maria-Eck
Eisenärzt
Meisau
Wagenau
Hörgering
Rote Traun
Holzen
Teisenbergkopf
Neustadl
Zwickling
Sulzberg
Zinnkopf
Gschwall
Eben
Hutterer
Reith
Teisenberg
Adlgaß-F.
Vordermiesenbach
Bojern
Westerberg
Steinberg-Alm
Ruhpolding
Inzell
Niederachen
Oed
Eck
Sankt Nikolaus
Breitmoos
Frillensee
Zwiesel
Bacherwinkl
Sankt Georg
Sankt Valentin
Zell
Aschenau
Reiten
Kohlgrub
Sankt Michael
Bichl
Sankt Michaelsgrotte
Buchschachen
Obervachenau
Niedervachenau
Labenbach
Schmelz
Sulzbach
Engpaß
Falkensee
Haßlberg
Glockenschmiede
Brand
Märchen-Freizeitpark Ruhpolding
Hutzenau
Ramsler
Zwing
Jochberg
REICHE
Gruttau
Dickengschwendt
Eisenberg
Waich
Rauschberg
Weißbachfälle
Zenokopf
Gletschergarten
Rauschbergalm
Urschlau
Unternberg
Laubau
Weißbach
Thumsee
Unternbergalm
Sackgrabenalm
Kaitelalm
Brunnhaus
Sicheralm
Mauthäusl
Weißbach Schlucht
Seehaus
Förchensee
Schwarzachenalm
Litzlbachhörnl
Ristfeuchthorn
Rabenstein
Saurüsselkopf
Naturschutzgebiet
Lödensee
Mittersee
Lödenalm
Fischbachalm
Schneizlreuth
Weiße Traun
Sonntagshorn
Kienberg
Ulrichsholz
Melleck
Oberjettenberg
Wildalphorn
Dürrnbachhorn
Staubfall
Hochalm
Peitingköpfl
Steinpass
Keßler
Dürrnbachalm
Fischbachfall
Gschwendteralm
Deutsche Alpenstraße
Herbstkaser
Hölzlkaser
Unken
Niederland
Aschauer Klamm
Traunsteiner Skih.
Heutal
Gföll
Sonnberg
Aschhorn
Wartsteinkopf
Wielandseitenalm
Unkenbach
Friedlwirt
Alpenbad
Schloss Oberrain
Schrecksattel-Eishöhle
Schliefbachalm
Hintergföll
Unkenberg
Schütterbad
Reiteralm
Hoisenhöhe
Kniepass
Mittermaißalm
Gebelfußalm
Schwarzbergalm
Schwarzbergklamm
Hochreit
Innersbachklamm
Drei Brüder
Reit
Möseralm
114
Hornwiesalm
Haus Gertraud in der Sonne
Mayrberg
Alpaalm
3km

LAUFEN
Obertrum am See
109
Seekirchen a. Wallersee
Oberndorf
Surheim
Saaldorf-
Anthering
Elixhausen
Eugendorf
Hallwang bei Salzberg
FREILASSING
Bergheim
Ainring
Mitterfelden
Siezenheim
Wals-
Anger
Piding
SALZBURG
Elsbethen
Anif
Grödig
Großgmain
Bayerisch Gmain
Puch bei Hallein
Marktschellenberg
HALLEIN
Bischofswiesen
Berchtesgaden
Schönau
Biosphärenreservat Berchtesgaden
Schwarzbachwacht-sattel
Untersberg
Lattengebirge
Predigtstuhl
Pass Hallthurm
Ramsau
113
115

112
114
BAD REICHENHALL
KARLSTEIN
Sankt Georg
Nonn
Sankt Nikolaus
Thumsee
KIRCHBERG
Saalachsee
Brunnhaus
Gruberhaus
Predigtstuhl
Jochberg
Falkensee
Gletschergarten
Weißbach
Weißbach Schlucht
Ristfeuchthorn
1569
Rabensteinhorn
1371
Schneizlreuth
(516)
Ulrichsholz
Fronau
Schlegelalm
Unterjettenberg
Luegerhorn
1226
Kienberg
1028
Melleck
Oberjettenberg
Staubfall
Deutsche Alpenstraße
Biosphäre
Moosen
Aschauer Klamm
1758
Wartsteinkopf
Schrecksattel-Eishöhle
Reiter Alm
Schwarzbachwacht
868
Taubensee
Antenbichl
Zauberwald
Hintersee
Antonius-Kp.
Schottmalhorn
2045
Drei Brüder
1864
Alpaalm
Großes Häuselhorn
2284
Stadelhorn
2286
Halsalm
820
Nationalpark
Hochkalter
2607
Steintalhörnl
2468
Engertalm
953
Bindalm
Mittereisalm
Hirschbichl
Karlkopf
2195
Hocheisspitze
2523
Alpelhorn
2254
Kammerlingalm
Kematenalm
Gr. Palfenhorn
2222
Dießbachstausee
2322
E4 alpin
Praghorn
2143
Ober-nachenau
Niedervachenau
Labenbach
Schmelz
Zwing
Engpaß
708
Weißbachfälle
1603
Zenokopf
Märchen-Freizeitpark Ruhpolding
Eisenberg
Rauschberg
1645
1671
Waich
1425
Unternberg
Rauschbergalm
Laubau
Sackgrabenalm
Kaitelalm
Sichernalm
Förchensee
Schwarzachenalm
Litzlbachhörnl
1330
Saurüsselkopf
1271
Naturschutzgebiet
Fischbachalm
Weiße Traun
Sonntagshorn
1961
Staubfall
Hochalm
1720
Peitingköpfl
Steinpass
Keßler
Fischbachfall
Gschwendteralm
Herbstkaser
Heutal
Hölzlkaser
Unken
(563)
Niederland
1316
Aschhorn
1204
Gföll
966
Sonnberg
Alpenbad
Schloss Oberrain
Friedlwirt
Unkenbach
Schütterbad
Hintergföll
Unkenberg
Hoisenhöhe
1228
Kniepass
558
Hochreit
Innersbachklamm
Mittermaißalm
Gebelfußalm
Schwarzbergalm
Reit
Ganisalm
Goldloch
Hornwiesalm
Hallenstein
Haus Gertraud in der Sonne
Haus Schönblick
Loferer Alpe
1425
Loderbichl
Maurach
Au
Antonikapelle
Mayrberg
(811)
Hagen
Faistau
Grubhörndl
1642
1747
Sonnwand
Lofer
(626)
Bairau
Scheffsnoth
1304
Berger Maißalm
Pass Strub
Strub
704
Hochmoos
Gumping
Grubhof
Scheffsnotber Alm
Strohwolln
Sankt Martin bei Lofer
Kirchenthal
Loferer Hochtal
Wallfahrtsk. Maria Kirchental
Wildental
Breithorn
2413
Schmidt-Zabierow-H.
1963
Prax-Eishöhle
Pass Luftenstein
656
Hirschbichl
Schwarzloch
Mooswacht
1148
Mitterhorn
2506
Loferer Steinberge
2488
Reifhorn
Großes Ochsenhorn
2511
Obsthurn
Dürnberger
Gerhardstein
1536
Hintertal
Kleberaux
Unterweißbach
Seisenbergklamm
Vorderkaserklamm
Saaleck
Lamprechtsofenloch
Oberweißbach
Hochkranz
1953
Bärenloch
Jausenst. Vorderkaser
Weißbach bei Lofer
Frohnwies
Pürzlbach
Kallbrunnalm
Maieralm
1293
Hochsäul
1757
Dalsenalm
2019
Hacker
Tauernradweg
Saalach
27
Kirchel
1692
Großes Rothorn
2405
Diesbach
Nusser
Niedergrubalm
Hohlwegen
Unterwarming
Marchentalm
Brandlhof
698
Mitterwarming
Oberwarming
1210
Schipflalm
Birnhorn
Plattenkopf
1661
2486
Passauerhütte
Drei Zinthörner
2634
Melkerloch
Leoganger Steinberge
Stoißen
Birnbachloch
Lettlkaserhütte
Kienberg
1333
Hochfilzen
(959)
Pucher
Maureralm
Orgenkessel
Marzon
Wiesing
Griessenpass
967
Riedlalm
Ullach
Wiesersberg
Euring
Mayrhofen
Sonnberg
Lenzing
Grießen
164
Berg
Sinning
Otting
Pabing
Aiblalm
1355
Kugleralm
Rosental
Ecking
Dorfheim
Lehenbrand
Hütten
Ried
Rain
(788)
Leogang
Huggenbergalm
Ottenhofen
Spielberghorn
2044
1728
Scheltaualm
Schwarzleo
Schaubergwerk Leogang
Krüneck
Kühbichlalm
Pirzbichl
Hirnreit
Madreit
Brunnaualm
Schultersbachhöhe
Biberg
Thor
1270
Voglernalm
Kehlbach
Haid
Schmalenbergham
Spielberghütte
Permanseck
311
178
21
Ö S T E R R E I C H

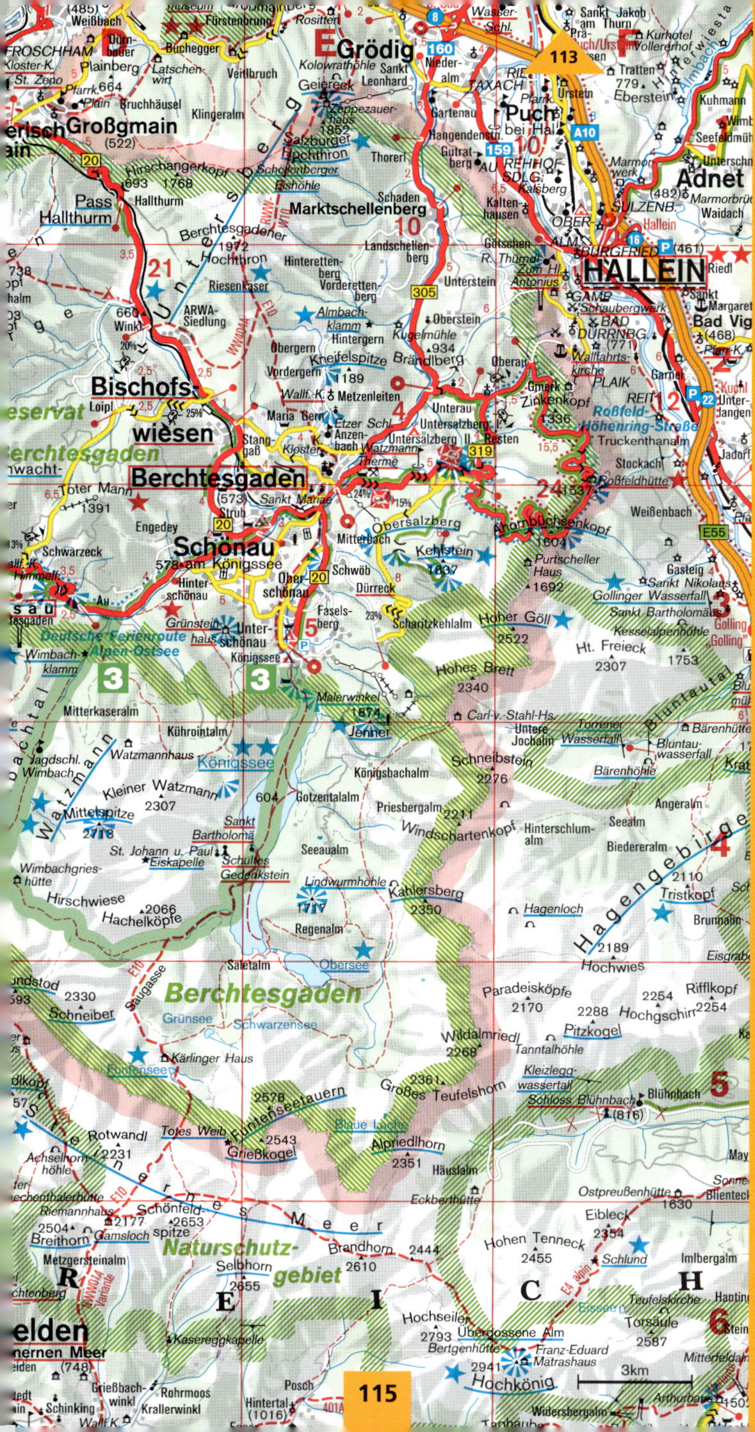

113
Grödig
Großgmain
Puch bei Hallein
Adnet
Hallein
Bad Vigaun
Marktschellenberg
Bischofswiesen
Berchtesgaden
Schönau am Königssee
Königssee
Obersalzberg
Kehlstein
Hoher Göll
2522
Hohes Brett
2340
Jenner
1874
Schneibstein
2276
Roßfeldhütte
Roßfeld-Höhenring-Straße
Golling
Gollinger Wasserfall
Hagengebirge
Tristkopf
2110
Watzmann
Kleiner Watzmann
2307
Mittelspitze
2713
Watzmannhaus
Sankt Bartholomä
Obersee
Berchtesgaden
Grünsee
Schwarzensee
Funtensee
Kärlinger Haus
Funtenseetauern
2578
Großes Teufelshorn
2361
Schneiber
2330
Hachelköpfe
2066
Kahlersberg
2350
Hochwies
2189
Pitzkogel
2288
Blühnbach
Schloss Blühnbach
Steinernes Meer
Naturschutzgebiet
Schönfeldspitze
2653
Selbhorn
2655
Brandhorn
2610
Hohen Tenneck
2455
Eibleck
2354
Hochseiler
2793
Übergossene Alm
Hochkönig
2941
Matrashaus
Saalfelden am Steinernen Meer
Riemannhaus
Ingolstädter Haus
Toter Mann
1391
Hochthron
1972
Berchtesgadener Hochthron
Salzburger Hochthron
1852
Hallthurm
Pass Hallthurm
Untersberg
Deutsche Ferienroute Alpen-Ostsee
Nationalpark Berchtesgaden
3km

MARCO POLO

## Für Ihre nächste Reise gibt es folgende Titel:

### Deutschland

Allgäu
Amrum/Föhr
Bayerischer Wald
Berlin
Bodensee
Chiemgau/ Berchtesgaden
Dresden/ Sächsische Schweiz
Düsseldorf
Eifel
Erzgebirge/ Vogtland
Franken
Frankfurt
Hamburg
Harz
Heidelberg
Köln
Lausitz/Spreewald/ Zittauer Gebirge
Leipzig
Lüneburger Heide/ Wendland
Mark Brandenburg
Mecklenburgische Seenplatte
Mosel
München
Nordseeküste Schleswig-Holstein
Oberbayern
Ostfriesische Inseln
Ostfriesland Nordseeküste Niedersachsen
Ostseeküste Mecklenburg-Vorpommern
Ostseeküste Schleswig-Holstein
Pfalz
Potsdam
Rügen
Ruhrgebiet
Schwäbische Alb
Schwarzwald
Stuttgart
Sylt
Thüringen
Usedom
Weimar

### Österreich Schweiz

Berner Oberland/ Bern
Kärnten
Österreich
Salzburger Land
Schweiz
Tessin
Tirol
Wien
Zürich

### Frankreich

Bretagne
Burgund
Côte d'Azur
Disneyland Paris
Elsass
Frankreich
Französische Atlantikküste
Korsika
Languedoc/ Roussillon
Loire-Tal
Normandie
Paris
Provence

### Italien Malta

Apulien
Capri
Dolomiten
Elba/Toskanischer Archipel
Emilia-Romagna
Florenz
Gardasee
Golf von Neapel
Ischia
Italien
Italienische Adria
Italien Nord
Italien Süd
Kalabrien
Ligurien
Mailand/ Lombardei
Malta
Oberitalienische Seen
Piemont/Turin
Rom
Sardinien
Sizilien
Südtirol
Toskana
Umbrien
Venedig
Venetien/Friaul

### Spanien Portugal

Algarve
Andalusien
Barcelona
Costa Blanca
Costa Brava
Costa del Sol/ Granada
Fuerteventura
Gran Canaria
Ibiza/Formentera
Jakobsweg/ Spanien
La Gomera/ El Hierro
Lanzarote
La Palma
Lissabon
Madeira
Madrid
Mallorca
Menorca
Portugal
Spanien
Teneriffa

### Nordeuropa

Bornholm
Dänemark
Finnland
Island
Kopenhagen
Norwegen
Schweden
Südschweden/ Stockholm

### Westeuropa Benelux

Amsterdam
Brüssel
England
Flandern
Irland
Kanalinseln
London
Luxemburg
Niederlande
Niederländische Küste
Schottland
Südengland

### Osteuropa

Baltikum
Budapest
Kaliningrader Gebiet
Litauen/Kurische Nehrung
Masurische Seen
Moskau
Plattensee
Polen
Prag
Riesengebirge
Rumänien
Russland
Slowakei
St. Petersburg
Tschechien
Ungarn

### Südosteuropa

Bulgarien
Bulgarische Schwarz-meerküste
Kroatische Küste/ Dalmatien
Kroatische Küste/ Istrien/Kvarner
Slowenien

### Griechenland Türkei

Athen
Chalkidiki
Griechenland Festland
Griechische Inseln/Ägäis
Istanbul
Korfu
Kos
Kreta
Peloponnes
Rhodos
Samos
Santorin
Türkei
Türkische Südküste
Türkische Westküste
Zakinthos
Zypern

### Nordamerika

Alaska
Chicago und die Großen Seen
Florida
Hawaii
Kalifornien
Kanada
Kanada Ost
Kanada West
Las Vegas
Los Angeles
New York
San Francisco
USA
USA Neuengland/ Long Island
USA Ost
USA Südstaaten
USA Südwest
USA West
Washington D.C.

### Mittel- und Südamerika

Argentinien
Brasilien
Chile
Costa Rica
Dominikanische Republik
Jamaika
Karibik/ Große Antillen
Karibik/ Kleine Antillen
Kuba
Mexiko
Peru/Bolivien
Venezuela
Yucatán

### Afrika Vorderer Orient

Ägypten
Djerba/ Südtunesien
Dubai/Emirate/Oman
Israel
Jemen
Jerusalem
Jordanien
Kenia
Marokko
Namibia
Südafrika
Syrien
Tunesien

### Asien

Bali/Lombok
Bangkok
China
Hongkong/Macau
Indien
Japan
Ko Samui/Ko Phangan
Malaysia
Nepal
Peking
Philippinen
Phuket
Rajasthan
Shanghai
Singapur
Sri Lanka
Thailand
Tokio
Vietnam

### Indischer Ozean Pazifik

Australien
Hawaii
Malediven
Mauritius
Neuseeland
Seychellen
Südsee

### Cityguides

Berlin für Berliner
Frankfurt für Frankfurter
München für Münchner
Stuttgart für Stuttgarter

### Sprachführer

Arabisch
Englisch
Französisch
Griechisch
Italienisch
Kroatisch
Niederländisch
Norwegisch
Polnisch
Portugiesisch
Russisch
Schwedisch
Spanisch
Tschechisch
Türkisch
Ungarisch

**In diesem Register sind alle in diesem Führer erwähnten Orte und Ausflugsziele verzeichnet. Halbfette Seitenzahlen verweisen auf den Haupteintrag, kursive auf ein Foto.**

## Schreiben Sie uns!

**Liebe Leserin, lieber Leser,**

wir setzen alles daran, Ihnen möglichst aktuelle Informationen mit auf die Reise zu geben. Dennoch schleichen sich manchmal Fehler ein – trotz gründlicher Recherche unserer Autoren/innen. Sie haben sicherlich Verständnis, dass der Verlag dafür keine Haftung übernehmen kann. Wir freuen uns aber, wenn Sie uns schreiben.

Senden Sie Ihre Post an die MARCO POLO Redaktion, MAIRDUMONT, Postfach 31 51, 73751 Ostfildern, info@marcopolo.de

## Impressum

Titelbild: Wallfahrtskirche Maria Gern (T. P. Widmann)
Fotos: W. Dieterich (5 l., 12, 18, 39, 62, 64, 90); HB Verlag: W. Spitta (U. M., 4, 9, 47, 67, 73, 79, 80, 82, 84, 94); G. Jung (2 o., 2 u.); Mauritius: Kuchlbauer (76); Mollenhauer (69); H. P. Merten (10); O. Stadler (U. l., U. r., 6, 7, 15, 16, 20, 22, 25, 26, 27, 28, 30, 32, 35, 40, 44, 46, 49, 50, 51, 56, 58, 87, 89, 98); T. Stankiewicz (1, 24, 63, 97); H. Wagner (5 r., 37, 38, 52); T. P. Widmann (61, 70, 74, 93, 103)

**6., aktualisierte Auflage 2005** © MAIRDUMONT, Ostfildern
Herausgeber: Ferdinand Ranft, Chefredakteurin: Marion Zorn
Redaktion: Corinna Walkenhorst, Bildredaktion: Gabriele Forst
Kartografie Reiseatlas: © MAIRDUMONT/Falk Verlag, Ostfildern
Vermarktung: MAIRDUMONT MEDIA, media@mairdumont.com
Gestaltung: red.sign, Stuttgart

Printed in Germany. Gedruckt auf 100% chlorfrei gebleichtem Papier

# Bloß nicht!

**Worauf Sie achten und was Sie vermeiden sollten**

### In Kirchen gottlos herumlärmen

Die Bayern sind ein traditionell gottesfürchtiges, katholisches Volk, das es – zumal in ländlichen Gebieten – mit dem Besuch von Messen, Andachten, Rosenkränzen recht genau nimmt. Ein gewisses Konfliktpotenzial entsteht also immer dort, wo Gotteshäuser nicht nur Gläubige, sondern ihrer Schönheit wegen auch Touristen anziehen. Verhalten Sie sich bei Kirchenbesichtigungen deshalb ruhig, irritieren Sie die still ins Gebet Versunkenen nicht durch das Surren Ihrer Videokamera, und diskutieren Sie über die Wessobrunner Stuckatur erst wieder draußen im Freien!

### Bayerisch reden

Laut Umfragen ist der bayerische Dialekt die beliebteste deutsche Mundart – auch bei den Nichtbayern. Entsprechend verlockend erscheint es denn wohl auch, es den Bayern in der Sprache gleichzutun. Davon ist freilich abzuraten. Bayerisch ist viel zu schwierig, als dass es ein »Zuagroaster« erlernen könnte – von Sommerfrischlern und Pistenjägern ganz zu schweigen! Zudem werden entsprechende Bemühungen von den Einheimischen nicht etwa als ein Versuch kultureller Interaktion begrüßt, sondern als plumpe Anbiederei abgetan.

### Die Natur missachten

Vor allem die Bergwelt ist weniger intakt, als sie auf den ersten Blick vielleicht aussieht. Bergbahnen, Skiläufer und Massentourismus haben ihr bereits erheblich zugesetzt. Um das empfindliche ökologische Gleichgewicht nicht noch weiter zu stören, sollte man Skipisten und Bergpfade nicht verlassen. Blumenpflücken in größeren Mengen – auch wenn es sich nicht um so streng geschützte Pflanzen wie Edelweiß und Türkenbund handelt – ist Raubbau an der Natur. Und selbstverständlich packt man nach dem Picknick seinen Müll wieder ein!

### Den Reiz des Chiemsees am Wochenende erkunden

Chiemgau und Berchtesgadener Land sind von der Landeshauptstadt München mit ihren 1,3 Mio. erholungsbedürftigen Bewohnern maximal zwei Autostunden entfernt. Insbesondere der Chiemsee, aber auch der Königssee und Ramsau, die Aussichtsberge und die Wirtshäuser sind an schönen Sommerwochenenden beliebte Ziele für Tagesausflügler und entsprechend überfüllt. Es macht keinen Spaß, sich am Wochenende gemeinsam mit Hunderten von anderen Touristen etwa über das Inselchen Frauenchiemsee zu drängen.